REMIXER LA MIXITÉ

Éditions Eyrolles
61, bd Saint-Germain
75240 Paris Cedex 05

www.editions-eyrolles.com

© Éditions Eyrolles, 2022
ISBN : 978-2-416-00148-2

Sous la direction de
Armelle CARMINATI-RABASSE
Marie-Christine MAHÉAS
Patrick SCHARNITZKY

Préface de Delphine ERNOTTE CUNCI et Pascal PICQ

REMIXER LA MIXITÉ

Femmes + Hommes : parler et agir autrement

SOMMAIRE

AVERTISSEMENT AUX LECTRICES ET LECTEURS

Les 24 coauteurs et coautrices de ce livre adoptent des points de vue et des pratiques variés sur la question de l'écriture « égalitaire » ou « inclusive ». Aussi avons-nous choisi, notamment pour des raisons pratiques, une écriture à la fois « égalitaire » et « personnelle » en adoptant, par exemple, le point final plutôt que le point milieu. Le chapitre 10 détaille plus largement les pratiques suggérées à ce sujet.

PRÉFACE
REGARDS CROISÉS

Delphine Ernotte Cunci et Pascal Picq

Le XXIe siècle sera-t-il celui d'un nouvel âge de la femme, donc de l'homme, en fait de l'humanité ? La place des femmes a beaucoup avancé depuis plus d'un demi-siècle, période marquée par l'essor de la télévision. Si celle-ci a été le miroir (cathodique puis avec d'autres écrans) non pas seulement de son temps, mais des diverses époques antérieures, elle n'en a pas moins contribué à favoriser les mouvements et les revendications féminines. Aujourd'hui plus que jamais, avec l'émergence des réseaux sociaux, et plus encore depuis la déflagration #MeToo.

Simultanément, nous sommes entrés comme jamais dans l'histoire de l'humanité dans une ère entrepreneuriale et dans une logique écosystémique. De fait, les entreprises deviennent des acteurs de plus en plus importants de la société et ne peuvent faire abstraction de leurs responsabilités RSE. Quant à la mixité femmes-hommes, il leur faut soit répondre à une injonction morale voire réglementaire, soit envisager les femmes comme enjeu d'une transformation des entreprises avec mixité des talents et des compétences. Il n'y a jamais eu autant de potentialités de changements pour les entreprises, impliquées dans les transformations sociétales, environnementales et technologiques[1].

---

1 Pascal Picq, *Une époque formidable, dialogue avec Denis Lafay,* Éditions de l'Aube, 2020.

Trouver le chemin non plus d'un meilleur équilibre, mais d'une nouvelle dynamique femmes-hommes dans nos sociétés, donc dans nos entreprises, demande désormais de tisser des liens entre de multiples perspectives, comme ce livre le propose. Pour notre part, cela fut aussi passionnant que salutaire de confronter les problématiques concrètes d'une patronne de médias et l'éclairage érudit d'un paléoanthropologue. Morceaux choisis.

***

Delphine Ernotte Cunci : *Il est souvent fait injonction aux médias de représenter la société telle qu'elle est et, à ce titre, d'évoluer vers une parité à l'antenne. En fait de réalité, c'est surtout une société meilleure et plus égalitaire que les médias cherchent à représenter. Lors du premier confinement 2020, les professeurs de médecine ont arpenté les plateaux télé. Ce n'est pourtant pas simple d'avoir autant de femmes mandarins que d'hommes quand on sait que seulement 18 % des professeurs de médecine sont des femmes. Néanmoins, au sein de France Télévisions, la part des expertes invitées dans les magazines d'information ou de société a été multipliée par deux en l'espace de quelques années. La parité est désormais réalisée en nombre et il reste à s'assurer que le temps de parole accordé aux femmes est bien équivalent en moyenne à celui donné aux hommes ; c'est très certainement le prochain combat. Pour parvenir à ce résultat, il a fallu et il faut toujours en passer par des quotas : « Il faut compter pour que les femmes comptent. »*

Notre histoire a-t-elle connu d'autres méthodes moins rébarbatives que les quotas ?

Pascal Picq : Pouvait-on se passer d'une telle méthode en regard de la très longue histoire des discriminations sexistes et plus encore depuis l'émergence des entreprises dites « modernes » ? La *positive action* aux États-Unis est devenue la *discrimination positive*, traduction lourde de sens anthropologique, reflet de notre culture antagoniste envers les femmes. L'idée de *positive action* consiste à faire sauter les barrières, notamment avec des quotas, et de promouvoir les femmes dans une société organisée autour d'activités considérées comme propres aux hommes, avec leurs rituels et leurs pratiques. Y introduire des femmes, c'est perturber un ordre cosmique censé représenter la meilleure organisation sociale possible : c'est forcément dégrader le système du monde, son ordre transcendantal, qui discrimine les hommes de par leur statut ontologique supérieur. Les femmes se heurtent à bien plus qu'une organisation de la société et du travail conçue par des hommes et farouchement défendue par les organisations professionnelles ou du travail. Celle-ci repose sur diverses traditions philosophiques qui remontent à Aristote : le monde est complet ; chaque espèce ou genre est à sa place ; la vie des individus passe par une série d'étapes prédéfinies ; toute différence déroge à l'ordre cosmique...

La France, redevenue championne de la reproduction sociale, perpétue des archaïsmes anthropologiques avec ses limites d'âge, ses classes préparatoires confisquées par les enfants des classes CSP+, ses rituels de passage dans les écoles d'enseignement supérieur souvent avilissants pour les femmes... Nous n'avons jamais été des Modernes, si ce n'est d'avoir su renforcer les archaïsmes de la domination masculine avec des arguties progressistes. La politique des quotas n'existe plus aux États-Unis ; ce sont des moyens, pas des buts. Ils ont permis de faire sauter les barrières. Ce n'est pas encore le cas chez nous.

DEC : *L'impératif de mixité est assez récent dans les médias et, dans ce même élan de mieux représenter toute la société, suit de très près celle de la « diversité », si mal nommée car il s'agirait plutôt d'une nouvelle « normalité ». Il ne s'agit évidemment pas de hiérarchiser ces nécessités d'action, mais d'être vigilant à ce qu'elles* *ne s'annulent pas. Il faut veiller à ce que ces deux objectifs de mixité et de diversité restent bien distincts, au risque sinon de voir les femmes passer à la trappe. Hillary Clinton, invitée au « 20 heures » en juin 2021, signalait avec finesse que les États-Unis avaient eu un président noir, un grand président, et qu'elle s'en félicitait, mais qu'il restait encore à briser ce plafond-là et peut-être un jour élire une femme. Dans les conseils d'administration du CAC 40, largement féminisés en France grâce à la loi Copé-Zimmermann, il est souvent fait demande d'intégrer des administratrices femmes ET étrangères de préférence. Or les femmes ne peuvent porter seules la représentation de toutes les minorités.*

À quelle vigilance nous invite notre évolution sociétale sur ce front de « convergence des luttes » ?

PP : Il y a toujours la menace de diluer ou plus précisément de subsumer la question des femmes à des revendications postulées plus fondamentales ou soudainement plus urgentes. Du temps de la Révolution française, de la Commune ou d'autres révolutions, cela a été l'affirmation de la primauté de la citoyenneté et de la démocratie ; les femmes ont attendu deux siècles. Aujourd'hui, si c'est acquis dans les droits, ce ne l'est pas encore dans les faits. De même pour les révolutions sociales, les mouvements socialistes estimant que la lutte des classes entraînerait forcément celle de l'équité pour les femmes ; elles attendent toujours. Aujourd'hui, la cause des femmes risque de se diluer dans les problématiques des diversités et de genre (LGBTQ+). Il faut donc être très attentif entre une conception essentialiste de la cause des femmes et les risques de relativisation des discriminations sexistes. D'un point de vue anthropologique, le constat est clair : les femmes ont toujours fait l'objet de discriminations dans la majorité des sociétés, tout particulièrement les nôtres, et dans toutes leurs composantes socio-économiques. C'est un combat à la fois féministe mais pas uniquement féministe.

Mes essais[2] se fondent sur une approche anthropologique et évolutionniste. On peut qualifier mes travaux de féministes, ce qui m'agrée, mais ils ne partent pas d'un positionnement féministe : ils décrivent les processus anthropologiques des discriminations envers les femmes. La méthode devrait s'appliquer aux autres grands défis de nos sociétés comme sur les diversités et le genre, mais avec leurs problématiques propres. Si les discriminations sur le sexe, de genre, ethniques ou culturelles ont pour dénominateur commun l'exclusion en référence à l'étalon-homme-occidental, elles ne procèdent pas des mêmes ressorts anthropologiques.

DEC : *Dans les entreprises, beaucoup de la vie professionnelle, du plaisir et de l'efficacité au travail et dans le collectif se joue dans l'équilibre avec la vie privée. C'est aussi vrai pour les hommes que pour les femmes. Les hommes sont nombreux à exprimer une frustration à ne pas être assez présents auprès de leurs enfants. Et il est encore peu admis pour un homme de s'absenter parce qu'un de ses enfants est malade. L'évolution récente du temps donné pour la paternité est un début de réponse à cette attente légitime. Il n'en demeure pas moins que les femmes sont encore en majorité celles qui ont la charge de la vie de famille, des enfants jusqu'aux aînés en dépendance à la fin de leur vie. La représentation dans les fictions d'un autre ordre possible, la lutte contre cette répartition prétendument naturelle des tâches, est un enjeu tout aussi important pour amener à l'égalité professionnelle que la représentation des rôles modèles féminins. Le télétravail imposé ces derniers mois a rendu criante cette inégalité de fond. C'est le moment de s'en saisir dans les entreprises pour agir très concrètement. Rien n'interdit d'aller au-delà de la loi, d'accorder des congés deuxième parent plus longs, de rééquilibrer les promotions et les mobilités dans l'entreprise, d'adapter les règles de temps de travail et de temps*

---

2 Pascal Picq, *Et l'Évolution créa la Femme,* Odile Jacob, 2010 ; *La Mâle-mesure de la Femme,* Odile Jacob, 2022.

de déconnexion pour permettre à chacun de mieux équilibrer ses deux/multiples vies.

Ce décalage béant entre femmes et hommes dans la sphère domestique, à laquelle l'entreprise n'a que très peu d'accès légitime, peut-il se résorber face au poids de notre histoire ?

PP : On peut envisager un « effet réversif » d'une entreprise équitable vers la vie privée. Si les hommes acquièrent l'expérience de collaborations professionnelles stimulantes avec leurs collègues femmes, on peut espérer que cela rentre dans la vie privée. (Dans l'évolution, on parle d'*exaptation*, une adaptation dans un domaine transposée dans un autre.) Mais gare au piège qui s'ouvre devant les femmes : des tâches pas forcément valorisantes en télétravail en plus des tâches domestiques peu partagées – avec des revenus modestes d'appoint (pas d'autonomie) – ou bien des tâches gratifiantes sur les plans professionnels et financiers avec une répartition plus équitable des obligations domestiques (dans ce dernier cas de figure évidemment plus souhaitable, les tâches domestiques et éducatives étant déléguées à des personnes embauchées à cet effet. Là aussi, on oublie les conditions des femmes des différentes classes sociales).

Les possibilités d'effet réversif se heurtent à de fortes traditions perpétuant la division sexuelle des tâches, et ce dans tous les milieux sociaux. Les classes sociales traditionnelles (ouvriers, artisans, transports, bourgeoisie, etc.) maintiennent une forte dichotomie, les hommes ne participant pas ou peu aux tâches domestiques ou éducatives. Aux États-Unis, les jeunes hommes voulant « travailler dur » comme leurs virils grands-pères, avec peu de qualifications, subissent un violent déclassement social, les femmes refusant de fonder une famille avec eux ou préférant élever les enfants seules (ils représentent le *weaker sex*). Les hommes issus de familles bourgeoises traditionnelles reproduisent le même schéma sexiste archaïque. Ils arrivent avec ces bagages anthropologiques dans les entreprises. Ils façonnent des organisations du travail, reproduisant ces schémas sexués et contraignant les femmes, tels les horaires des réunions. Malgré des avancées – crèches, conciergeries, horaires responsables pour les réunions, notation des bonnes pratiques –, ce n'est pas le cas de toutes les entreprises. L'exemplarité du top management est certes un enjeu important, mais loin d'être suffisant, tant ces lourdeurs anthropologiques touchent l'ensemble de nos sociétés. Une telle évolution anthropologique passe par l'égalité et l'équité dans les entreprises et, plus largement, par les images diffusées dans les médias : un tissage entre expériences professionnelles et nouvelles représentations sociales.

DEC : *Les médias sont des caisses de résonance de la société tout entière. Elles ont un effet loupe sur les grandes questions qui traversent notre société. On y perçoit avec acuité aujourd'hui la polarisation des débats, la montée de la violence, la méfiance grandissante vis-à-vis des politiques et des journalistes, la défiance vis-à-vis des sphères dirigeantes économiques... Le journalisme « de construction », tout en poursuivant son rôle d'alerte, de dénonciation parfois, permet de mettre en lumière des initiatives individuelles ou collectives qui, à leur échelle, donnent non pas « la » solution mais « une » solution aux problématiques dénoncées ; c'est une forme de réponse à la demande d'une meilleure participation de la société civile à la marche de notre nation. Certes, beaucoup de ce qui est fait en matière d'égalité entre les femmes et les hommes (notamment le soutien aux femmes en difficulté ou victimes de violences) repose sur l'action engagée et concrète d'associations et de collectifs. Cependant, les entreprises, collectifs bien identifiés, cohérents et dans lesquels nous engageons tant de temps, ont aussi leur rôle à jouer dans la mise en action d'une égalité professionnelle, d'une égalité tout court.*

À la lumière de notre évolution, voyez-vous l'entreprise moderne comme foyer légitime d'un bond en avant pour la société entière ?

PP : Les trois piliers du changement sont l'éducation, les médias et les entreprises. Même si, presque partout dans le monde, et depuis peu, les jeunes femmes ont accès aux études, les études supérieures demeurent des foyers de violences symboliques, physiques et sexuelles comme sur les campus américains et trop de nos écoles supérieures. Or c'est de là que sortent les personnes qui occupent les postes les plus importants en termes de statut, de rémunération et de responsabilité dans les entreprises.

Quant aux médias, ils jouent un rôle fondamental pour l'image de la place des femmes dans la société, dans la sphère privée comme professionnelle. Seuls les médias peuvent entrer sans ingérence dans la sphère privée, tandis que les entreprises offrent les possibilités d'une indépendance économique, à la condition de ne pas reproduire les attitudes discriminantes de la société et d'instaurer une vraie pratique de mixité et d'égalité.

DEC : *Les médias publics sont soumis à des injonctions contradictoires, c'est presque un pléonasme en toutes choses, mais bien plus encore quand il s'agit de porter un discours commun sur ces sujets. L'objectif louable de mixité sur les antennes conduit à une politique de quotas, que je défends. Certains y voient les prémices d'une woke culture et s'en émeuvent, ce que je comprends également car notre rôle est bien plus de rassembler et de défendre les valeurs de la République que de séparer et de compartimenter la société. Sur le sujet du féminisme ou plutôt des féminismes, j'essaie de ne pas tomber dans le piège des polémiques qui masquent le fond du sujet. Je mets mes pas dans les mots de Michelle Perrot qui répondait dans l'émission « C'est ce soir » sur France 5 en janvier dernier à une question sur l'exagération supposée de certaines féministes. Elle rappelait que les luttes ne se gagnaient pas souvent avec politesse* *et componction, qu'elle trouvait certaines féministes vilipendées, utiles et drôles et, pour finir, se demandait si elle-même n'avait pas été trop sage et polie dans sa vie. Sagesse et sororité. Quelle femme !*

PP : La réponse de Michelle Perrot pointe un fait anthropologique : les hommes redoutent les colères des femmes, d'où tous les obstacles pour éviter leurs coalitions. Michelle Perrot appartient à la grande tradition intellectuelle féministe française qui heurte, justement, l'idéologie d'une linéarité progressiste de l'histoire portée par les hommes. L'idée de progrès issue des Lumières se renforce très vite d'une idéologie de la domination masculine par le contrôle des moyens de production, des médias et du corps des femmes au XIXe siècle. Les temps modernes commencent par une régression de la condition des femmes alors que se développent la Révolution industrielle et les régimes démocratiques. Vue de l'Occident dominateur se forge l'idée d'une longue amélioration de la condition des humains, dont celle des femmes, de la préhistoire à aujourd'hui, avec les dernières décennies « tendant la main » aux femmes dans un monde édifié par les hommes ; rien de plus erroné et idéologique. L'histoire de l'évolution des femmes dans la diversité des sociétés humaines actuelles et passées débute à peine[3].

Un regard anthropologique et évolutionniste livre une tout autre image. Encore de nos jours, les activités des hommes mobilisent les techniques et les nouveaux moyens de production comme l'exercice de métiers et de tâches nécessitant des déplacements et des contacts avec des personnes extérieures au groupe. Alors sortir les femmes de ces traditions anthropologiques séculaires pour aller dans un monde conçu sur des attributs masculins, comme l'entreprise, représente déjà en soi le commencement d'une révolution anthropologique encore mal comprise, si ce n'est ignorée par les sociologues, les économistes et les politiques.

---

3 *Ibid.*

La notion de « force de travail » repose sur la prévalence de la force physique dans les tâches, attribut cardinal des hommes. Or cette qualité ne domine plus, même pour conduire des machines. N'est-il pas paradoxal que l'on ait fait d'une réalité naturelle un argument pour la supériorité des hommes dans tous les métiers, même intellectuels ?

DEC : *Les nominations à la tête des entreprises de l'audiovisuel public ont été très paritaires ces dernières années et il faut le saluer. C'est nouveau : je suis la première femme présidente de France Télévisions, la première femme à présider l'Union des télévisions et radios européennes. On ne manque jamais de me le rappeler. Les propos ou les comportements sexistes n'ont pas pour autant disparu, ni dans l'audiovisuel ni ailleurs. L'accession des femmes aux postes de pouvoir est possible et c'est une énorme avancée mais un jour, je l'espère, cela semblera normal.*

PP : Comme souligné par Engels et Marx du temps où émerge la pensée anthropologique, les femmes représentent la première classe des opprimé.e.s, ce qui prévaut encore de nos jours partout dans le monde. Alors, est-ce que les nouveaux moyens de production et de reproduction se déployant partout dans le monde permettront d'accoucher de sociétés plus égalitaires ? Ils en proposent les moyens, mais qui resteront vains sans une vraie réflexion anthropologique.

Les évolutions des cinquante dernières années sont certes trop lentes du point de vue des femmes, mais tellement récentes en regard des millénaires d'idéologie de la domination masculine. Après les combats de femmes pour l'égalité des droits civiques et civils – acquis –, puis pour les égalités socio-économiques – pas encore acquises –, arrive le temps de nouvelles mixités et nouvelles relations entre les femmes et les hommes. Aujourd'hui, les jeunes femmes bénéficient d'un atout anthropologique considérable aussi récent que fondamental : les exemples de toutes les femmes occupant des postes de très hautes responsabilités dans les grandes entreprises, les gouvernements, les instances internationales, sans oublier toutes celles engagées dans les créations d'entreprises dans tous les secteurs économiques, comme dans le numérique et les start-up.

On a dépassé le stade condescendant des « femmes d'exception » en référence à un monde d'hommes qui, bientôt, devrait appartenir à la préhistoire. Et si cela devait advenir – c'est notre vœu –, cela constituerait une très grande révolution anthropologique ; pas moins. Quelle entreprise !

INTRODUCTION

ARMELLE CARMINATI-RABASSE,
MARIE-CHRISTINE MAHÉAS ET PATRICK SCHARNITZKY

Il y a environ vingt ans, les grandes entreprises ont enfin ouvert le chantier de la mixité en France car les chiffres étaient têtus et pointaient un déficit de mixité patent au « pays de l'égalité ». Il est apparu nécessaire alors de mettre en place des protocoles pour corriger les écarts à chaque étape : recruter des femmes, les sensibiliser aux pratiques d'un monde des affaires dessiné par et donc pour les hommes, les promouvoir. Cette approche a donné des premiers résultats mais dans une forme de séparatisme des sexes, en stigmatisant les femmes, et en donnant l'impression qu'il fallait les « réparer », tout en faisant naître le sentiment chez les hommes d'une discrimination « à l'envers ». Problème de cadrage donc, puisqu'on a réduit le sujet de la mixité à un « problème » de femmes, dispensant les entreprises de leur responsabilité, agaçant certaines femmes, excluant et/ou culpabilisant les hommes, ou au contraire les incluant « au service des femmes » sans démontrer ce qu'ils ont à y gagner. Tout ceci provoque au final une lassitude, dite « gender fatigue ».

Depuis quelques années, on cherche donc à engager les hommes dans la mixité. Et, à cette fin, un collectif d'auteurs a publié en 2015 l'ouvrage *Mixité : quand les hommes s'engagent* (Eyrolles). Le message était d'actualité et salutaire tant le discours et les postures d'alors étaient centrés sur les femmes et non sur la mixité.

Mais il est désormais temps d'ouvrir un troisième chapitre dans cette histoire, celui de la mixité au service de toutes et tous. Car même si l'étape du livre précédent, encourageant le rôle des hommes dans la mixité en leur donnant les clés pour la mettre en place, était indispensable, il est aujourd'hui temps de parler vraiment d'une mixité au service de toutes et tous et réellement inclusive, d'autant qu'elle est portée par des enjeux de performance et qu'elle va aller jusqu'à redéfinir les modèles de leadership.

On distingue cinq principaux facteurs de crispation dans les programmes mixité aujourd'hui, récents pour certains et plus anciens pour d'autres :

> les hommes, ou certains d'entre eux, peuvent se sentir exclus de cette injonction de mixité et culpabilisés par les mentalités et pratiques obsolètes qui leur sont reprochées. Ils peuvent en outre ressentir une forme de discrimination positive injuste en faveur des femmes, qui leur donne le sentiment d'une démarche de revanche qui reprendrait les mêmes codes que ceux qui ont construit le sexisme. Et cela passe par un discours mal entendu et mal compris, souvent incarné par le fameux « leadership au féminin » présenté hâtivement comme celui du troisième millénaire. De fait, l'élan vers une mixité inclusive peut braquer les hommes les plus rétifs et passe à côté des hommes les plus enclins à s'engager ;

> les femmes, ou certaines d'entre elles, peuvent refuser cette approche de « rattrapage » qui les stigmatise, les enferme dans une posture d'infériorité inconsciemment et collectivement acquise aussitôt que des réseaux, des actions ou des process leur sont réservés. De fait, cette dynamique peine à engager certaines femmes de pouvoir qui refusent l'idée (à juste titre) qu'elles sont là juste parce qu'elles sont des femmes, ce qui peut rendre certaines au mieux indifférentes à la cause, parfois

simplement « suiveuses » par opportunisme (comme certains confrères dirigeants) si c'est la priorité de leur présidence. Dans le même esprit, certaines femmes ressentent comme une nouvelle marque de domination ou bien comme un paternalisme toxique le fait que des hommes soient désignés comme leurs mentors ou leurs défenseurs. Et c'est sans compter la légitimité médiatique immédiate des hommes dès qu'ils endossent le discours féministe et rendent moins audibles celles qui les ont éveillés à la cause ;

> les femmes et les hommes sont pour certains excédés de voir que le sujet est à l'agenda des entreprises comme une injonction, alors que la société (médias, publicité, fictions, pouvoirs publics, école, sport, mais aussi dirigeants de tous bords) véhicule parfois des propos et des images datant d'une autre époque ;

> symétriquement, l'entreprise est désormais parfois prise de court par des avancées sociétales qui s'accélèrent (quotas imposés, index d'égalité salariale, #MeToo, boycott de marques, responsabilité en matière de violences domestiques), ce qui peut ringardiser instantanément les efforts qu'elle pensait source de différenciation sur le marché ;

> l'entreprise et surtout sa communauté managériale « intermédiaire » se retrouvent coincées entre un discours d'équité de traitement et des injonctions de promotion des femmes. Les managers de proximité sont les arbitres quotidiens d'un discours descendant (qui se veut mature mais qui tarde à donner des preuves concrètes) et des appétences ascendantes (que les collaborateurs revendiquent au nom du « oser être soi » qu'encouragent les politiques « diversité »). Ce dilemme permanent est d'ailleurs structurel de la prise en tenaille du manager de proximité (que ce soit sur les sujets de QVT, de collaboration entre générations, et même d'engagement), d'où la proportion croissante de ceux qui refusent aujourd'hui d'être promus managers... Si les

dirigeants des grands groupes voient pour la plupart l'intérêt d'une mixité inclusive (pour leur entreprise comme pour eux-mêmes, pour leur image ou leur vie personnelle, à leur stade établi de carrière), le management de proximité se confronte quant à lui à la réalité et à la complexité de l'exécution (sur le fond et sur la forme, pour leurs équipes et pour eux-mêmes), ce qui le rend perplexe et peu serein devant la question de la mixité. Il est à noter que les dirigeant.e.s de PME font face au même tiraillement, alors que les obligations d'égalité s'imposent de plus en plus à eux, que ce soit par la loi ou par les attentes des collaborateurs ou candidats au recrutement sur un marché tendu.

Dès lors, comment sortir de ces cinq impasses qui ne sont pourtant pas la conséquence de mauvais choix, mais d'une histoire linéaire logique commencée sans mode d'emploi il y a cinquante ans, et qui a besoin de prendre une nouvelle direction ? Nous défendons dans ce livre une approche ancrée dans son époque, fondée à la fois sur des convictions, des exemples empiriques et des données factuelles, cautionnée par une quantité de contributions de personnalités diverses, selon laquelle la mixité fonctionne à condition qu'elle s'adresse à toutes et tous.

Comment penser, parler et agir la mixité ensemble ? Comment penser, parler et agir la notion de genre au service des femmes comme des hommes ? Comment rendre cela désirable par chacune et chacun, par les dirigeants comme par les managers de proximité ? Quels leviers actionner pour engager tout le monde à agir et pas seulement le souhaiter ? Le livre est articulé en deux temps : un premier temps de constats, qui d'abord observe les dernières évolutions sociétales (partie I), puis décrypte ce qui a changé dans l'entreprise ces dernières années (partie II). Le second temps du livre est consacré à des propositions de solutions, d'abord dans le langage à utiliser selon l'audience (partie III), puis dans l'organisation et les pratiques des entreprises (partie IV).

Bonjour, je suis féministe.
Me too !
LA MIXITÉ

LA MIXITÉ SOUS PRESSION

Depuis 2015 environ, les avancées sociétales se sont accélérées et ont gagné tous les compartiments de la société au-delà des volets institutionnels « égalité professionnelle » et « parité politique » : dans l'espace domestique ou à l'école, à travers les explorations identitaires ou le tâtonnement des médias, la société française avance par soubresauts, perméable aux polarisations du reste du monde.

Déflagration mondiale #MeToo à l'hiver 2017, puis crise des confinements de la Covid-19 depuis le printemps 2020, chaque secousse, désormais mondiale, expose aux yeux de tous une faille supplémentaire de la belle intention de mixité femmes-hommes qu'on avait crue en bonne voie de progrès. Le « momentum » est tel que tout le monde se mêle de féminisme et que les entreprises vont peiner à ajuster leurs politiques mixité si elles ne prennent pas d'abord le temps de se confronter au bruit sociétal ambiant...

UN **RÉCHAUFFEMENT** DOMESTIQUE

PATRICK BANON ET YVES DELOISON

« On ne naît pas femme, on le devient », affirmait Simone de Beauvoir dans *Le Deuxième sexe* en 1949. Aujourd'hui, les codes sociaux qui régissent les rapports à l'autre se réinventent. Les questions de la mixité des espaces, des métiers et des tâches domestiques sont des étapes primordiales à l'humanisation de nos sociétés. Le noyau familial devrait être le creuset autant que le reflet de cette transformation. Mais en pratique, où en est-on précisément du partage des tâches domestiques, de l'équilibre au sein du couple et des postures parentales ? La solidarité au sein du couple à même de briser le cycle des traditions est-elle enfin au rendez-vous ? État des lieux réaliste et... plaidoyer optimiste pour une accélération du mouvement vers l'égalité totale.

La répartition des tâches domestiques

Selon la célèbre anthropologue Françoise Héritier, la part du travail accompli par les femmes au sein des sociétés de chasseurs-cueilleurs du Paléolithique supérieur (environ 30 000 ans av. J.-C.) représentait parfois plus des deux tiers des ressources alimentaires apportées au groupe[1]. Et nous pouvons d'ailleurs remonter encore beaucoup plus loin dans le temps puisque cette répartition sexuée de la vie « professionnelle » est un fossile culturel né il y a plusieurs centaines de milliers d'années avec la responsabilité féminine de maintenir le feu du groupe. Gardiennes du foyer dès l'aube de la socialisation, il n'est pas facile de rompre avec un tel modèle culturel transmis de génération en génération.

Preuve en est que cette division sexuée du travail est loin d'avoir disparu. Sur 67 millions de travailleuses et travailleurs domestiques (aides ménagères par exemple) dans le monde, 80 % sont des femmes[2]... Et en 2020, aucun pays ne peut se targuer d'avoir des hommes assurant autant de travail de soin à autrui que les femmes[3]. Aujourd'hui encore, ces dernières effectuent 76 % de l'ensemble du travail non rémunéré de soin à autrui. Ce véritable système d'exploitation les marginalise et les assigne à un système de « don » qui a vocation à réserver en priorité aux hommes l'accès au système économique marchand. Résultat : en France, près d'un quart des mères de familles monoparentales, soit un million de femmes, vit sous le seuil de pauvreté[4]. Et depuis le début du XXIe siècle, le temps consacré par les hommes à la garde d'enfants et aux travaux domestiques n'a augmenté que de huit minutes par jour. À ce rythme, il faudra attendre l'année 2220 pour parvenir à l'égalité des temps consacrés au travail non rémunéré[5].

Certes, sur le papier, certains hommes ne voient prétendument plus d'inconvénient à l'idée de participer aux tâches ménagères. À la différence de leurs pères et plus encore leurs grands-pères, il s'agit même d'une contribution valorisante à leurs yeux. Reste

---

1 Françoise Héritier, *Masculin/Féminin – La pensée de la différence*, Odile Jacob, 1996.
2 Oxfam International, « Celles qui comptent », janvier 2020.
3 Jacques Charmes, « Unpaid Care Work and the Labour Market », Time-Use Surveys, 2020.
4 Oxfam France, « Pauvreté au travail, les femmes en première ligne », rapport 2018.
5 Organisation internationale du travail (OIT), « Prendre soin d'autrui : un travail et des emplois pour l'avenir du travail décent », 2019.

que les statistiques ne démontrent rien de très probant en matière de rééquilibrage : les femmes continuent à prendre en charge l'essentiel du travail domestique quotidien, contraignant et non rémunéré. Et quand leurs compagnons s'y mettent, c'est plutôt pour se consacrer aux missions les moins rébarbatives et les plus valorisées socialement telles que la préparation des dîners festifs entre amis, le bricolage, le jardinage ou encore la partie ludique de la relation aux enfants. Mais les tâches répétitives, invisibles ou dévalorisées restent dévolues aux femmes, comme l'illustrent les très nombreuses statistiques consacrées au sujet : ainsi, 80 % des femmes contre 36 % des hommes font la cuisine ou le ménage au moins une heure par jour ; de même, 94 % des personnes ayant fait plus de 8 fois du repassage en un mois sont des femmes[6].

D'autres modèles sont pourtant possibles. Il suffit d'observer l'organisation de la vie domestique au sein des couples de même sexe, ou au sein des couples hétérosexuels dans lesquels les rôles ne sont pas genrés, mais établis sur la base d'une négociation intelligente. La répartition s'articule autour des affinités ou de l'urgence de la tâche et s'établit librement sur d'autres bases que les vieux schémas sexistes. Dit plus simplement, le premier ou la première qui s'approche de l'évier fait la vaisselle. Dans d'autres ménages, c'est la personne la plus sensible au rangement et à la propreté qui s'y attelle.

Attention enfin à l'explosion du télétravail, dont l'étincelle a été la crise de la Covid-19. Il risque d'affecter durablement le statut des femmes et des mères de famille qui ont mis du temps à se libérer de l'espace domestique pour investir l'univers professionnel. En tout cas, les voilà pour le moment renvoyées au foyer avec tout ce que cela peut impliquer, du renoncement professionnel au burn-out.

---

6 Clémence Ledoux et Benoît Thuillier, « Du travail domestique masculin au travail domestique des hommes », *Terrains & travaux*, vol. 10, n° 1, 2006, p. 56-76.

Un Français actif sur cinq a pratiqué le travail à distance durant les périodes de confinement du printemps 2020 selon un sondage Odoxa-Adviso Partners. Et c'est avant tout pour les femmes que la situation s'est dégradée le plus, indique une enquête de l'INED (Institut national d'études démographiques). 29 % des hommes estiment que leur charge de travail a augmenté pendant le premier confinement, contre 36 % des femmes[7]. Même les plus qualifiées se trouvent happées par des tâches domestiques et parentales telles que le suivi scolaire. Elles ont aussi passé plus de temps que d'habitude à se soucier des autres au sein des familles, passant les coups de fil aux parents et grands-parents ou leur prodiguant des soins.

On l'a compris, l'asymétrie des rôles domestiques est profondément ancrée dans l'histoire de nos sociétés, et dans un modèle triangulaire hétérosexuel de la famille père-mère-enfant(s). Pour autant, on constate des progrès, même s'ils sont lents et timides : atteindre un équilibre des rôles dans la sphère domestique est donc un enjeu capital de l'égalité des sexes, dans un va-et-vient avec la sphère professionnelle. Il faut penser les deux systèmes comme étant perméables, se nourrissant mutuellement et ce d'autant plus que les digues entre vie personnelle et vie professionnelle cèdent peu à peu.

Les relations au sein du couple

Les bouleversements qui concernent la place des femmes et des hommes dans tous les domaines de la société finissent par irriguer immanquablement la sphère la plus intime, celle du couple et des relations qui le construisent. Si les femmes deviennent de plus en plus autonomes, cela touche aussi les relations amoureuses et sexuelles. Moins dépendantes sur le plan des émotions, et plus décomplexées

---

7   Enquête publiée par l'Ugict-CGT en mai 2020.

en matière de libido, le rééquilibrage se fait aussi dans l'intimité du couple, cassant une asymétrie de plus. La visibilité grandissante des violences faites aux femmes qui les rendent intolérables aux yeux de tous et toutes, la banalisation de l'évocation du plaisir féminin dans les publicités, l'hyper vigilance des réseaux sociaux à la moindre image médiatique enfermant les femmes dans une posture d'objet sexuel sont autant d'éléments qui bouleversent les relations amoureuses et sexuelles. Cependant, cette évolution se confronte à des désirs paradoxaux. D'une part, on attend de moins en moins des hommes une masculinité viriliste, on les demande aussi sensibles et capables d'extérioriser leurs émotions. D'autre part, on commence à observer certains hommes de moins en moins à l'aise avec l'image d'une femme soumise à leur désir. Mais reste à savoir sur quelle échelle de temps et pour quel équilibre coûts/bénéfices les relations au sein du couple vont changer, tant se jouent dans l'intime des reproductions de schémas ancrés dans notre socio-culture et dans des archaïsmes d'un pseudo-romantisme qui fait notre histoire.

Au-delà des dynamiques relationnelles au sein du couple, il nous faut enfin citer une autre injonction sexiste pesant sur les épaules des femmes sans vraiment s'imposer aux hommes : l'apparence. Certes, ces dernières années a émergé une remise en cause du diktat de la perfection et de son poids financier pour les femmes. Une poignée d'entre elles s'émancipe en renonçant au maquillage, aux teintures de cheveux ou encore à l'épilation. De même, la parole ose enfin se libérer autour des règles, qui concernent pourtant la moitié de l'humanité ! Mais il s'agit là d'un mouvement encore marginal. Vieilles comme le monde, les menstruations restent un tabou ou, pire, une honte, y compris au sein du couple et sont encore perçues comme impures par certain.e.s. À n'en pas douter, s'impose aujourd'hui la nécessité de remettre en cause les croyances et de briser les silences.

La posture de parent

Les nouveaux « papas poules » se harnachent d'un porte-bébé comme symbole de leur modernité tandis que les mères changent les couches de leur nourrisson pour la quatrième fois de la journée dans une banale invisibilité. À l'instar des tâches domestiques, un indéniable « deux poids deux mesures » en matière de parentalité perdure au sein des familles, tout au moins si l'on se contente d'observer le temps qui y est consacré.

Quoi qu'il en soit, le mariage pour tous a permis à notre société de vivre une révolution renouvelant les modèles. Bousculant par ricochet l'idée même de chef de famille incarné par l'homme, l'adoption ouverte aux couples homosexuels et la PMA (procréation médicalement assistée) soulignent qu'un gamète n'est pas suffisant pour faire un bon parent.

Pour autant, le « père courant d'air » reste la norme dans bien des familles. La cause de cette répartition inéquitable est avant tout financière. La carrière de celui ou celle qui gagne le plus étant presque toujours privilégiée, l'écart de revenus en faveur des époux désigne encore le plus souvent les femmes pour s'occuper des enfants. Et pendant que celles-ci travaillent gratuitement à la maison au détriment de leur activité professionnelle rémunérée, leurs maris s'enrichissent. Problème : un couple sur trois divorce en France (et même un sur deux en région parisienne) et la monoparentalité reste un concentré de pauvreté car ces familles monoparentales sont neuf fois sur dix composées d'une femme. Avec un salaire le plus souvent inférieur à celui de leur ex-conjoint alors même qu'elles assument logement et nourriture des enfants, elles ne s'en sortent pas.

Néanmoins, l'augmentation du mode de garde alternée en cas de divorce rebat les cartes du modèle familial et devient un indicateur intéressant sur la répartition des rôles qui s'équilibre peu à peu.

Selon les chiffres de l'Insee, 12 % des divorces en 2003 donnaient lieu à une garde alternée (le ou les enfants une semaine sur deux et la moitié des vacances). Ce taux était de 21 % en 2012 et de 25 % en 2018. Et il n'y a aucune raison d'imaginer que cette courbe va s'infléchir compte tenu, d'une part, de la désexuation des formations et des métiers qui fait augmenter la part des femmes dans la sphère professionnelle et, d'autre part, des appétences des hommes à remplir leur rôle de père dans la sphère domestique. Quoi qu'on en pense, notre société banalise progressivement ce mode de garde qui impacte les rôles domestiques tout autant que la disponibilité professionnelle : c'est celui ou celle qui n'a pas les enfants qui peut travailler plus librement.

Le féminisme n'est pas un projet de concurrence entre masculin et féminin. C'est un projet humaniste et universel, un véritable bouleversement sociétal qui concerne autant les femmes que les hommes, apte à redéfinir les structures de parentalité. Il s'agit d'un principe de réunification universelle de tout ce qui jadis a été séparé par les diverses traditions. La répartition des rôles n'est plus figée par des codes historiques mais répond à l'inclusion dans la vie privée de responsabilités parentales désexualisées. Un père peut être maternel, et une mère paternelle. Homme « à cœur de femme », femme « à cœur d'homme » pour paraphraser l'anthropologue américain Oscar Lewis[8].

L'une des étapes de cette réunification passe par la répartition nouvelle du rapport d'un parent avec son enfant. La durée du congé paternité a doublé en France pour compter 28 jours depuis juillet 2021, dont 7 jours obligatoires. Cette avancée pour l'égalité femmes-hommes attribue au père un temps de parentalité que

---

8 Oscar Lewis décrivait (en 1941) ainsi les Indiens Piegan canadiens, dont certaines femmes maîtrisent parfaitement des tâches à la fois réputées masculines et féminines, notamment sacrées.

la tradition patriarcale ne lui avait jamais accordé. Le féminisme permet ici que soit reconnue au père sa paternité. Néanmoins, alors que 7 pères salariés sur 10 ont eu recours à leur congé en 2016, les travailleurs indépendants ne sont que 3 sur 10[9]. Ce qui perpétue l'idée d'une expertise des femmes en matière domestique, nourrit leur assignation au foyer et continue de dédouaner les pères de leurs responsabilités parentales.

Conclusion

Les évolutions dans la sphère domestique peuvent, comme souvent dans une période de transition, être analysées avec le prisme du verre à moitié vide ou à moitié plein. D'un côté, comment ne pas faire le constat d'une asymétrie des rôles qui perdure concernant la répartition des tâches, les places au sein du couple et la posture parentale ? Mais d'un autre côté, même si cela ne va jamais assez vite, les asymétries se réduisent sur tous ces champs de confrontation. Et ce versant est celui du sens de l'histoire, il faut maintenant enfoncer le clou et sceller cette dynamique pour qu'elle devienne irréversible.

---

9 Source : Direction de la recherche, des études, de l'évaluation et des statistiques (Drees), 2019.

Chapitre 2

CHOC DE CONSCIENCE DANS LES **MÉDIAS**

VALÉRIE LION ET ÉRIC WARIN

Les médias, miroirs fidèles ou déformants de la réalité ? Les hommes y détiennent généralement le pouvoir de décision, quand les femmes sont cantonnées à la fabrique de l'information. Journaux, télévision, radios semblent peu à peu réaliser à quel point ils ont pu parfois se montrer complices d'une société marquée par le sexisme. Aujourd'hui, ils se font le reflet de l'évolution en cours. Mais ils ne la devancent pas encore.

Peut mieux faire...

Depuis le tremblement de terre #MeToo, dont l'affaire DSK a peut-être été la première secousse en France comme ailleurs, jamais la question des rapports de domination hommes-femmes n'aura été autant couverte dans la presse. Avec les réseaux sociaux, celle-ci est peu à peu devenue la caisse de résonance d'un mouvement de dénonciation croissante envers les pratiques dépassées d'un modèle patriarcal. Les médias miroir du monde, en somme. Contribuent-ils néanmoins autant qu'ils le pourraient à bousculer les normes en matière de juste place accordée aux femmes ? Pas vraiment ! Éditorial ou entre-preneurial, quel que soit l'angle sous lequel on choisit de répondre à cette question, c'est la mention « peut mieux faire » qui s'impose...

Des femmes moins visibles et moins audibles dans les médias

En premier lieu, force est de constater que la gent féminine souffre d'une sous-représentation manifeste dans les médias français et étrangers. Que ce soit comme expertes, spécialistes ou leaders d'opinion, les femmes sont moins sollicitées. Cela va à l'encontre de l'impression que l'on peut avoir alors que se multiplient les articles << au sujet des femmes >> (violences, déséquilibre vie pro/vie perso, etc.), impression que cette couverture médiatique abondante est le signe que la situation s'améliore, que les choses vont bien mieux ! Selon une étude menée par l'INA pour la période 2010-2018, le temps de parole des femmes s'est limité à seulement 32,7 % du total à la télévision et 31,2 % à la radio. Il serait en outre excessif d'affirmer que les choses se sont arrangées puisque ce pourcentage plafonne aujourd'hui à 35 % dans l'audiovisuel et seulement 19,2 % dans la presse écrite et le Web[10]. Explication très probable de cet écart entre les deux types de médias, seules la télé et la radio sont contraintes de rendre des comptes au CSA... De même, les sujets traitant des problématiques inhérentes au sexe féminin (violence, discrimination, santé, etc.) apparaissent sous-traités. À l'exception, bien sûr, de la première semaine de mars durant laquelle les médias se creusent la tête pour dénicher LA femme qui sort du lot. Celle qui permet de montrer par son parcours que oui, c'est possible de réussir dans un monde d'hommes !

Autre différence criante dépassant le simple constat statistique, les femmes sont le plus souvent représentées comme consomma-trices (la fameuse ménagère de moins de 50 ans), témoins, victimes, anonymes, etc. À cet égard, la crise de la Covid–19 est révélatrice. Alors que les hommes prennent la parole en qualité de sachants (directeurs de services de réanimation, infectiologues, chercheurs...),

---

10 www.lesnouvellesnews.fr/en-2020-la-place-des-femmes-dans-les-medias-ne-sest-pas-reduite/

les femmes sont avant tout des petites mains (infirmières, caissières, enseignantes, gardes d'enfants, etc.). Certes en première ligne dans la lutte contre la maladie ou le maintien des services essentiels, elles occupent rarement les plateaux télé ou la Une des journaux pour expliquer et commenter.

Le tournant des années 2010...

Cette prise de conscience sur la sous-représentation manifeste des femmes dans les médias a pris de l'ampleur il y a plus de dix ans lorsque quelques professionnelles engagées ont décidé de réagir. C'est le cas notamment des fondatrices de Vox Femina (2010), issues de la finance, du conseil et de la communication, puis de Marie-Françoise Colombani et Chékéba Hachemi, créatrices de l'annuaire Les Expertes (2012). Dans le même temps, des femmes journalistes se sont mobilisées à travers les collectifs « Pour les femmes dans les médias » (2012) et « Prenons la Une » (2014). Un an plus tard, quarante femmes journalistes ont signé dans *Libération* le manifeste « Bas les pattes », destiné à condamner le sexisme ambiant dans le milieu politique.

En parallèle de ces initiatives, les médias eux-mêmes ont contribué à alerter l'opinion en se tirant de magnifiques balles dans le pied... La plus mémorable reste sans doute celle de la couverture de *Capital* en août 2017. Pour incarner la start-up nation, le magazine économique a demandé à onze entrepreneurs... masculins de poser en jean et chemise blanche sur la terrasse parisienne de Publicis. Aussitôt, une douzaine de femmes de la tech ont riposté avec un cliché équivalent. Ce genre d'affront appartient-il au passé ? En mars 2020, la Une du *Parisien* a mis en scène quatre hommes invités à nous « raconter le monde d'après ». Le tollé fut tel sur les réseaux sociaux que le quotidien a ouvert un chantier interne sur la parité et la diversité.

Au-delà des stéréotypes, prégnants chez les journalistes comme dans l'ensemble de la population, on peut expliquer ces pesanteurs de différentes manières : la tentation du recours à ses sources habituelles, plus faciles d'accès, surtout dans un métier contraint, par essence, à aller vite ; la prédisposition des organismes à proposer des hommes plutôt que des femmes pour les représenter ; mais aussi, tout simplement, la maladresse, le manque de formation, parfois la résistance mais plus prosaïquement le fait que la mixité n'est tout simplement pas une priorité.

En prise directe avec l'audience

La puissance de Facebook, Twitter et autres réseaux sociaux change enfin la donne. Ces réseaux permettent l'expression immédiate des internautes sur le traitement réservé aux femmes dans les médias. C'est ainsi que le hashtag #LesMotsTuent a fait prendre conscience à bien des journalistes du poids des mots dans la façon de rendre compte des violences sexuelles et sexistes. On pense par exemple à ce qu'induisent des expressions telles que « drame conjugal » ou « crime passionnel » qui mettent sur le même plan la victime et l'agresseur. En prise directe avec leur cible *via* les réseaux sociaux, les médias traditionnels comprennent peu à peu que les termes choisis pour raconter la société ont un impact sur son évolution. Il en va notamment de l'importance de féminiser les noms de métiers et fonctions ou encore de toujours citer les femmes par leur prénom ET nom de famille, comme pour les hommes. Les médias évacuent progressivement des expressions dévastatrices telles que « une femme a été nommée », sous-entendant que la personne en question doit davantage sa nomination à son genre qu'à ses compétences *(voir chapitre 10)*.

Soumis à une pression publique et politique de plus en plus forte et fragilisés par la concurrence des réseaux sociaux ou des sites d'info, les grands médias ont commencé à corriger le tir. Ces deux dernières années, ils ont accordé une place croissante aux sujets tels que le harcèlement sexuel, les féminicides, l'égalité femmes-hommes dans la société… et même l'invisibilité des femmes dans les médias. En février 2019, *L'Obs* a ainsi fait son introspection après avoir constaté que les femmes représentaient en moyenne seulement 22 à 39 % des visages montrés et nommés dans le magazine durant trois mois. À l'initiative de jeunes journalistes féminines, *Ouest France* a créé un « groupe égalité » constitué de 40 % d'hommes. Missionnées au départ sur la place des femmes dans l'éditorial, ses réflexions ont vite débordé sur les questions d'organisation et de management. Dans le même temps, ébranlé par les réactions à sa Une de mars 2020, *Le Parisien* s'est doté d'une charte de l'égalité engageant la rédaction à « redoubler de vigilance dans le traitement de l'actualité et la représentation qu'elle donne de la société dans ses articles, portraits, témoignages, panels d'experts et photos ». Le quotidien a aussi adopté une politique volontariste pour atteindre d'ici 2025 la parité sur les postes de management dans la rédaction. À France Télévisions, aux *Échos* ou à *L'Obs*, des objectifs similaires sont désormais fixés.

Les médias, une affaire d'hommes

Voilà pour la place accordée aux femmes dans les contenus des médias. Mais qu'en est-il au sein des rédactions elles-mêmes ? Malgré une féminisation importante de la profession à partir des années 2000 – aux environs de 45 % –, ces dernières se font bien rares aux postes de direction. Les sept principaux quotidiens nationaux sont dirigés par des hommes et il en va de même dans la quasi-totalité des titres régionaux et des médias audiovisuels. Il existe bien sûr quelques exceptions notoires, dont le quotidien *Le Monde* qui a récemment nommé Caroline Monnot à la tête de sa rédaction, ou encore *Marianne*, *L'Obs* (fait notable, à *L'Obs*, une femme, Cécile Prieur, a succédé à une autre femme, Dominique Nora, une première) et France Inter. Reste que, en grande majorité, le secteur ne brille guère en la matière[11] puisque les femmes s'y heurtent tout autant au fameux plafond de verre. Une manière comme une autre de confirmer que les médias sont avant tout une « affaire d'hommes ». On peut même dire une affaire d'hommes d'affaires tant les principaux groupes français appartiennent presque tous à des grandes fortunes industrielles masculines. À tel point qu'il est permis de s'interroger sur leur rôle dans la persistance de stéréotypes sexistes dans les contenus, la publicité et les politiques managériales...

Du plafond de verre au plancher collant

Majoritairement éloignées des centres de décision au sein de leurs entreprises, les femmes journalistes restent aussi plus souvent scotchées au « plancher collant » que leurs collègues masculins. Celui qui les maintient dans les métiers les moins valorisés tels que le desk où la collecte de l'information se fait essentiellement par téléphone ou par Internet. En conséquence, elles reçoivent en moyenne un salaire 7,6 % inférieur et elles sont moins nombreuses à décrocher un emploi stable. Selon les dernières statistiques connues datant de 2017, elles constituent 53,5 % de la cohorte des pigistes et seulement 45,1 % des salariés[12]. Une précarité à l'effet domino (niveau de revenus, dépendance discrétionnaire aux donneurs d'ordre, stress, conditions d'accès aux congés payés ou de maternité...) qui peut expliquer pourquoi les femmes sont aussi plus nombreuses à abandonner un métier structurellement en crise[13] en même temps

---

11 https://larevuedesmedias.ina.fr/feminisation-du-journalisme-encore-un-effort-pour-la-parite-et-legalite
12 *Ibid.*
13 Réduction de 6 % des cartes de presse ces dernières années.

qu'il se féminise. De quoi entraîner d'ailleurs certains à considérer que leurs consœurs sont en partie responsables de la dévalorisation de leur profession ! Un comble quand on sait que la féminisation est au contraire un synonyme de professionnalisation puisque le niveau de diplômes des femmes à l'entrée sur le marché est supérieur à celui des hommes.

Ça passe… ou on se casse !

Puisque rien ne bouge vraiment au sein de rédactions pourtant de plus en plus mixtes, les entreprises de presse deviennent le terrain d'actions collectives parfois retentissantes. On se souvient notamment de la grève des signatures menée en 2013 par les journalistes femmes des *Échos*. Autre exemple datant de 2018 : 77 femmes se sont portées candidates au poste de « rédactrice en cheffe » du *Parisien* afin de protester contre leur absence au sein de la direction du quotidien.

La pression vient aussi de la régulation. La responsabilité des entreprises sur la sécurité de leurs salarié.e.s. s'étant étendue depuis septembre 2018 aux questions de « harcèlement sexuel et agissements sexistes », la plupart des grands noms du secteur ont signé la Charte PFDM (Pour les Femmes Dans les Médias[14]). Ceux comptant plus de 50 salariés sont également soumis à l'index de l'égalité professionnelle et devront améliorer leur score s'il n'est pas satisfaisant. Le rapport Calvez de septembre 2020 a formulé des propositions concrètes pour garantir un environnement de travail sûr, l'équilibre des temps de vie, ou l'accès des femmes aux postes à responsabilité. Parmi celles-ci, l'éga-conditionnalité des aides publiques pourrait avoir un effet sonnant et trébuchant en reliant les importantes aides à la presse à des objectifs de mixité (notamment

---

14 www.pfdmedia.fr/charte/

dans les plus hauts niveaux hiérarchiques). Et pour cause puisque seules deux des 15 premières entreprises bénéficiaires de ces aides sont dirigées par des femmes.

Conclusion

Égalité, parité, mixité : le sujet est devenu omniprésent ou presque dans les médias, donnant parfois l'impression que le rééquilibrage sur le fond et dans la forme est en bonne voie. Mais certaines femmes journalistes prennent la tangente. Lassées par l'inertie du système et éprouvant des difficultés à « vendre » certains sujets, elles ont fait le choix de créer leur propre média. En 2009, *Causette* a ouvert le bal en tant que premier magazine féministe généraliste. Il a été suivi peu après par *Les Nouvelles News* (« L'autre genre d'info ») puis *Cheek Magazine* (« Le *pure player* de la génération Y »). Professionnelles engagées s'appuyant sur la force du Web et des réseaux sociaux, leurs fondatrices ont contribué à faire émerger une nouvelle vague de voix féministes. Adoptant des nouveaux formats tels que les newsletters (Les Glorieuses, 2015) et les podcasts (La Poudre, 2016 ; Les Couilles sur la table, 2017), elles sont désormais prises au sérieux grâce aux audiences qu'elles génèrent. Et le mouvement s'est accentué en 2020-2021 avec des initiatives telles que Milf, les Déferlantes, Gaze, etc. Au-delà de la volonté de se réapproprier un discours longtemps confisqué par les hommes, ces médias agiles testent des modèles de financement alternatifs (crowdfunding, club, sponsoring, formation, événementiels…). Ils constituent un terrain d'innovation observé avec intérêt par les médias traditionnels. Et au-delà, ils montrent qu'on peut sortir d'une forme d'indolence ou de résistance patriarcale dans un secteur qui s'en défend en arguant n'être que le reflet d'une réalité sociétale. Un argument bien pratique pour justifier un certain immobilisme…

CE QU'EN PENSENT LES DIRIGEANT.E.S

Delphine Ernotte Cunci, France Télévisions

« Les programmes mixité ne s'abordent pas du tout de la même façon dans une entreprise d'ingénieurs ou de médias : les premiers donnent le primat au rationnel (acceptant comme valide qu'une femme ait la même compétence si elle a le même diplôme), les seconds donnent le primat à l'émotion (or l'émotion est bien plus genrée car plus stéréotypée). Les maths n'ont pas de sexe ni de biais inconscients, les ressentis butent sur les plaidoyers. Ce n'est pas qu'un secteur soit plus ouvert à la mixité, mais ils s'abordent très différemment. »

Chapitre 3

DES **PALPITATIONS** CHEZ LES **SUPPORTERS**

MERCEDES ERRA ET MAXIME RUSZNIEWSKI

Le féminisme est devenu un concept « valise » dont de multiples acteurs (institutionnels, privés, individuels) se réclament. Mais de quel féminisme parle-t-on précisément ? Et tous les mots qui s'installent dans le langage courant témoignent-ils d'un momentum qui ne faiblira pas ?

L'histoire du féminisme vue par Mercedes Erra, un parcours de vie inscrit dans un élan historique

« Je suis Mercedes Erra, dirigeante d'entreprise, Française immigrée de Catalogne et féministe depuis l'âge de 6 ans. Je suis une enfant du baby-boom. Les baby-boomeuses ne sont pas nées féministes. Loin de moi l'idée saugrenue que la fracture de la Seconde Guerre mondiale aurait engendré une génération prête pour la libération de la femme. Ce d'autant plus que 1939-1945 n'a pas provoqué la même montée de ces dernières aux commandes de l'agriculture, du commerce et de l'économie que 1914-1918. Toutefois, dans les années 1950 et surtout 1960, les foyers de la reconstruction intègrent à l'habitat des objets nouveaux et libératoires pour les femmes. C'est la vague des machines à laver Laden, du Salon des arts ménagers, de la Cocotte-Minute, de Moulinex suivi de son slogan "libère la femme". Ces marqueurs témoignent de progrès massifs qui vont, bon an mal an, augurer d'une ère nouvelle en posant les premières pierres d'un affranchissement. Technologique avant tout, cette modernité passe par l'équipement des ménages et leur consommation. Elle pénètre massivement la France sans rencontrer d'obstacles majeurs. Elle déferle et les remparts cèdent sous la pression du progrès. Elle prend part à cette idéologie du progrès qui va dominer les Trente Glorieuses.

Mais qu'en est-il alors de la véritable condition sociale de la femme ? Je m'en souviens très bien à travers ma mère qui n'aime pas les tâches domestiques, et qui se retrouve, de fait, coincée à la maison. Elle commente mais fait contre mauvaise fortune bon cœur. Néanmoins, cela distille en moi cette idée qui s'ancrera à jamais : l'extérieur, où mon père passe ses journées, est drôlement plus marrant que l'intérieur, où les tâches sont répétitives, exténuantes et peu gratifiantes. Avec mes mots d'enfant, j'en déduis une vérité première. Dehors, papa s'amuse et il est payé pour cela. Pendant ce temps-là, maman reste dedans à faire le vrai travail et elle ne gagne rien. Je choisis vite mon camp : j'irai à l'extérieur. Et pour y parvenir, les études semblent être le chemin le plus probant.

Sauf que... à l'intérieur comme à l'extérieur, tout est encore très patriarcal. Alors, dès la fin des années 1960, un féminisme protestataire se charge de mener les grands combats sur lesquels nous vivons encore. Je parle là du droit de travailler et d'avoir un compte en banque sans autorisation du mari (1965), du droit à la contraception avec la loi Neuwirth (1967), du "Manifeste des 343 salopes" et enfin, bien sûr, du droit à l'avortement avec la "loi Veil" de 1975. C'est la grande époque d'Antoinette Fouque, de Monique Wittig, de la manifestation à l'Arc de triomphe pour la femme du Soldat inconnu, des autodafés de soutien-gorge... La radicalité porte ses fruits, mais la

France perçoit encore ces idées comme rebelles. Des idées émanant d'une poignée de folles, anarchistes, lesbiennes, vilipendées de toutes parts. Quant à moi, c'est sans doute à HEC à la fin des années 1970 que j'embrasse la cause féministe. Je me rappelle y avoir animé un groupe "femmes". Et dans mes souvenirs, tout le monde s'en fout, y compris les filles. Passées quelques conquêtes, il me semble que le féminisme est refusé, mis à distance, comme quelque chose de dangereux pour la société. Il y a certes la liberté sexuelle, front majeur de libération pour les filles et surtout les garçons. Mais à condition d'être... hétéro.

Commence alors une période où rien ne bouge vraiment. Elle va durer deux bonnes décennies jusqu'à la fin des années 1990. Comme si, après le droit à l'IVG et la mixité jusque dans les grandes écoles, il ne fallait pas non plus exagérer ! En gros, on avait fait le tour de la question et il n'y avait plus rien de spécial à régler. Combien de fois ai-je entendu cette phrase : "L'égalité hommes-femmes en France ? Il n'y a pas de problème." Au contraire, j'ai très vite l'intuition que le problème reste entier. La découverte que je suis moins bien payée que mes deux associés cofondateurs de BETC m'ôte tout doute et achève de me fixer les idées. Rejoignant à cette époque l'AACC (Association des agences-conseils en communication), je m'aperçois que j'y suis la seule femme patronne d'agence ! À chacune de mes prises de parole, je continue à dénoncer l'inégalité salariale et l'absence des femmes aux postes de pouvoir. Reste que j'ai souvent l'impression de prêcher dans le désert.

À l'issue de cette période molle arrive le début du nouveau siècle durant lequel je fais deux rencontres marquantes. Fadela Amara, tout d'abord, qui vient me voir en 2003 après les marches des femmes des quartiers contre les violences (Sohane Benziane brûlée vive, Samira Bellil, *Dans l'enfer des tournantes*[15]). La fondatrice

____

15 Denoël, 2002. Réédition : Folio, 2003.

de Ni Putes Ni Soumises me demande si je peux l'aider à communiquer. BETC va le faire en *pro bono* pendant plusieurs années. Ce mouvement féministe aura alors, avec Fadela Amara puis avec Sihem Habchi, une voix forte dans la lutte des femmes des quartiers pour l'égalité et le respect. Nos campagnes contribuent à son rayonnement ("Quand une petite fille grandit, elle devient une femme, pas une pute", "Je t'aime, je t'abîme", la campagne dite "des bleus", etc.).

Au même moment, Aude de Thuin m'embarque – moi et quinze autres femmes de pouvoir en vue – dans l'aventure du Women's Forum for the Economy and Society. Interdite d'accès à Davos et choquée par le niveau mondial d'inégalités, elle veut créer un Davos des femmes. Aude choisit un mode de collaboration singulier qui s'avérera très efficace : elle nous réunit chez elle, nous nourrit et nous fait travailler. Notez bien qu'il n'est jamais question d'être féministe durant ces réunions ! À tel point qu'Aude prend un jour à part ma collaboratrice pour lui faire passer le message que je dois cesser de déclarer ainsi mon féminisme à tout bout de champ. À l'entendre, les autres ne veulent pas en entendre parler, n'assumant ni le mot ni la chose. Elles craignent qu'il soit synonyme de rejet de la féminité et des hommes. D'ailleurs, mes comparses commencent par être hostiles aux quotas dans les conseils d'administration, refuser de se voir comme des "femmes quota", etc. J'en conviens, ce n'est pas réjouissant comme principe... Mais cela m'a tout l'air d'un passage obligé pour changer la donne. Quand je creuse, je vois bien que si elles sont là, c'est la plupart du temps à l'issue d'un parcours de combattante. Ces femmes ne lâchent rien sur les inégalités femmes-hommes mais pas question pour autant de s'afficher féministes ! Je me souviens même d'un débat surréaliste au moment où nous trouvons le nom du forum. Voilà qu'elles hésitent à y mettre le mot "femmes". Voilà aussi que l'éventuelle présence des hommes au forum les angoisse et qu'elles créent un *men's corner* pour qu'ils puissent se réunir entre eux à Deauville où aura lieu le Forum. Au fil des années, cette réserve s'amenuisera, heureusement. Le Women's Forum for the Economy and Society va pleinement jouer son rôle en mettant au grand jour l'état des lieux des inégalités dans toutes les sphères : économique, politique, sociale, culturelle. Point d'orgue pour moi, la conférence de Françoise Héritier lors de la première édition du forum. Durant quatre heures, elle fait le récit fascinant de l'histoire de la construction de la domination masculine. Elle est déjà âgée et nous sommes suspendues à ses lèvres. Au cours des dix ans qui suivent, les seize cofondatrices passent progressivement du rejet à l'acceptation du mot "féminisme", désormais assumé. Le terme remonte aussi auprès du grand public.

Vient aussi le moment où l'État, avec Nicole Ameline au ministère des Droits des femmes, se saisit de la question et crée le label "égalité". BETC gagne l'appel d'offres de communication et fera quarante programmes courts intitulés "Égalité, il faut juste le vouloir". Le terme "juste" est un raccourci osé, mais il est là pour indiquer à tout le monde que l'égalité est possible et souhaitable. Cette campagne a certes démonté quelques préjugés (sur les métiers sexués, le cerveau des femmes, les femmes et la science), mais il aurait fallu continuer au lieu de se contenter d'un seul épisode...

C'est aussi durant cette période que je rencontre Brigitte Grésy, haute fonctionnaire spécialiste des questions d'égalité entre femmes et hommes. Depuis lors, son mantra : "Il faut compter les femmes pour que les femmes comptent" (repris aujourd'hui par Sista[16]) ne cesse de m'obséder. À partir du milieu des années 2000, je suis constamment sollicitée pour parler de ce sujet. Mais paradoxalement, je trouve

---

16 Collectif œuvrant pour réduire les inégalités de financement entre femmes et hommes entrepreneurs.

que les choses bougent lentement, voire reculent. Et les continuelles dissensions au sein des associations féministes n'arrangent rien, bien sûr... Par exemple, comment expliquer qu'il faille batailler à n'en plus finir pour faire accepter l'idée d'indiquer le numéro de téléphone 3919 à la fin d'un spot consacré à la lutte contre les violences faites aux femmes ? Pas question de baisser les bras, pour autant. Je me cramponne aux avancées les plus fortes telles que la loi du 9 juillet 2010 pour la lutte contre les violences faites aux femmes, l'expérimentation du bracelet électronique, le 3919, la loi Copé-Zimmermann de 2011...

En parallèle, la décennie 2010 voit l'éclosion d'une rébellion autrement plus radicale en Russie et en Ukraine avec les Femen confrontées à un système de domination mafieux. Les images choquent, mais ne pénètrent pas encore l'ensemble de la société. Au contraire, elles suscitent une certaine perplexité. Dans le même temps, des signes d'appropriation par le monde de la création éclosent un peu partout : irruption dans la mode de messages féministes, Petra Collins égérie activiste chez Gucci, tee-shirt de Maria Grazia pour Dior "*We should all be feminist*", etc. Mais il faudra attendre la déferlante #MeToo en 2017 pour que le sujet prenne enfin l'ampleur d'un phénomène de société.

Aujourd'hui, j'ai l'impression que la jeune génération s'est saisie de tous ces enjeux et que la vague féministe, loin d'être uniquement un phénomène de mode, a les allures d'un tournant historique. Je la soutiens de toute mon âme car nous n'avons que trop attendu. Il est temps. Pour autant, restons de bonne humeur et ne soyons pas en colère contre le passé. J'ai fait tout ce que j'ai pu et j'ai bien l'intention de continuer. Cette seconde partie du chemin s'annonce passionnante. »

Réponse de Maxime Ruszniewski : quel avenir pour les féminismes ?

« Comme en atteste ce passionnant témoignage de Mercedes Erra, la diffusion des idées féministes dans la société française fut lente. Des siècles durant, elle a connu le fameux plafond de verre. Mais en 2017 a eu lieu une véritable révolution nommée #MeToo. Plus rien ne sera comme avant. Contrairement à ce qu'on lit trop souvent, la parole ne s'est pas libérée. Non, elle a (enfin) été entendue, et la nuance est essentielle. Le féminisme, ce combat ignoré par certain.e.s et ringardisé par d'autres, a pris un élan nouveau. Le premier 8 mars ayant suivi le mouvement #MeToo a offert un spectacle extraordinaire : partout en France, des centaines de milliers de femmes – et d'hommes – ont défilé dans la rue à l'occasion de la Journée internationale pour les droits des femmes. Des soixante-huitardes historiques du MLF confient leur émotion de voir des personnes si jeunes remplir les cortèges et raconter leur expérience du sexisme sur les réseaux sociaux (se faire siffler dans la rue et dans le métro, les plaintes au commissariat laissées lettre morte après une agression...). »

Le momentum

Protéiforme et bouillonnant, le féminisme s'invite partout désormais. Du JT du « 20 Heures » aux collages militants, des rayons vêtements à l'industrie musicale, tout le monde s'empare du mouvement à sa manière. Diffusé en 2021 sur Arte, le documentaire *Pop féminisme* montre à quel point la culture populaire a accéléré de manière phénoménale l'appropriation par la jeunesse des codes du mouvement. Le jour où Beyoncé arrive sur scène devant un immense panneau lumineux « FEMINIST », le monde entier assiste à une révolution : la cause devient *mainstream*.

Au cinéma, *Wonder Woman* (re)devient une icône et *La Reine des neiges* se regarde autrement. Dans les librairies, *Mortelle Adèle* fait la conquête des petites filles. Qu'il est loin le temps des princesses apeurées attendant sagement qu'un chevalier les sauve grâce à un baiser magique. L'essor est tel que de nombreux sujets considérés comme tabous émergent. Ainsi, en guise de pied de nez aux diktats de la beauté par l'épilation, la chanteuse Angèle se colle des poils sous les bras dans son célèbre clip « Balance ton quoi ». Des documentaires sur les règles dénoncent les publicités qui colorent en bleu le rouge sang longtemps banni des écrans. On s'intéresse – enfin – au coût des menstruations et plusieurs pays en viennent à voter le remboursement des protections hygiéniques.

Malgré des désaccords persistants, des éléments d'écriture inclusive *(voir chapitre 10)* s'invitent dans des articles, des romans et même quelques manuels. En parallèle, de nombreuses femmes insistent pour se faire reconnaître chef.fe de cabinet, autrice ou avocat.e. Désignant le meurtre d'une femme en raison de son sexe, le terme « féminicide » se démocratise.

En politique aussi, les choses bougent. La parité au sein du gouvernement français ne fait plus débat et les comités interministériels dédiés aux droits des femmes font leur apparition. Ayant promis de faire de l'égalité femmes-hommes sa « grande cause du quinquennat », le président Macron décide que le prochain sommet mondial onusien consacré à l'égalité se tiendra en France en juillet 2021. Le précédent, à Pékin, datait de... 1995. Autre symbole d'un changement profond : Sanna Marin, Première ministre de Finlande, devient à 34 ans la plus jeune cheffe d'État de l'histoire.

Des postures féministes protéiformes

Mais comme tout déferlement, le mouvement #MeToo se heurte aussi à des limites. Pire, il ravive des tensions et cristallise de nouvelles divisions. C'est ainsi que divers courants se proclamant féministes en viennent parfois à s'opposer fondamentalement. Publiée en janvier 2018 dans *Le Monde*, une tribune, cosignée notamment par Catherine Deneuve, en est l'une des manifestations les plus éclatantes. Dans ce texte qui fait grand bruit, cent femmes réclament la « liberté d'être importunées » et dénoncent un certain féminisme exprimant une « haine des hommes ». On y lit aussi que « cette fièvre à envoyer les "porcs" à l'abattoir, loin d'aider les femmes à s'autonomiser, sert en réalité les intérêts des ennemis de la liberté sexuelle, des extrémistes religieux, des pires réactionnaires ». En dépit d'un tollé général, les signataires recueillent le soutien de milliers de femmes revendiquant leur propre conception du féminisme. Cette opposition est d'autant plus forte qu'elle ne concerne que des femmes considérées comme progressistes par le grand public. La tribune n'est pas l'œuvre de masculinistes ou de conservatrices connues pour leur opposition à l'émancipation féminine. Au contraire.

Des frictions apparaissent, dont les plus vives concernent la liberté de disposer de son corps et de se vêtir comme on l'entend. C'est dans ce contexte heurté qu'est adoptée en 2016 la loi contre le système prostitutionnel (qui pénalise notamment le client pour tout achat d'acte sexuel). Elle oppose clairement deux camps : d'un côté, les abolitionnistes qui saluent la fin programmée d'un système patriarcal dans lequel 95 % des clients et des proxénètes sont des hommes ; de l'autre, les réglementaristes qui condamnent cette entrave à la liberté individuelle et qui dénoncent un diktat des bonnes consciences.

Dans le même temps, Élisabeth Badinter et Sylviane Agacinski – toutes deux connues pour leurs écrits en faveur des droits des femmes – s'affrontent à coups d'émissions radio sur la légalisation de la gestation pour autrui (GPA). Marchandisation du corps ou liberté pour chacune d'en disposer comme elle l'entend ?

Le débat ne connaîtra probablement jamais de consensus chez les féministes.

Dans le sillage de #MeToo, on voit aussi s'affronter les universalistes et les intersectionnalistes. Alors que les premières réclament la plus grande neutralité de l'espace public au nom des valeurs républicaines et de l'égalité entre les sexes, les secondes y voient une censure et un contrôle du corps des femmes. Autre débat houleux : le port du voile sur lequel Caroline Fourest et Rokhaya Diallo entraînent sur les réseaux sociaux des milliers d'alliées acquises à l'une ou l'autre position irréconciliables. Si les discussions sont certes riches, elles sont hélas surtout haineuses. Ironiquement, les esprits s'échauffent d'ailleurs tout autant à propos des mini-jupes... Certaines féministes « ancienne génération » dénoncent l'hypersexualisation de jeunes filles dénudées dans des clips musicaux regardés par des millions d'adolescentes. Or, nombre d'entre elles proclament leur liberté de se comporter et de s'habiller comme elles l'entendent, peu importe la taille du tissu.

Limites et postures

Comme tout mouvement connaissant un soudain coup d'accélérateur, l'égalité femmes-hommes est à la croisée des chemins. Va-t-elle continuer sa puissante progression ou sera-t-elle récupérée par des opportunistes davantage soucieux de leur publicité que des résultats ? En tout cas, il devient opportun de s'assurer de l'exemplarité de celles et ceux qui se sont découvert ces dernières années une âme féministe... Les déclarations d'intention ne suffisent plus.

Si les partis politiques français n'hésitent plus à adopter une doctrine féministe, force est de constater que Marine Le Pen reste la seule femme à la tête d'une grande formation ! Et il serait aussi présomptueux d'affirmer que la vague #MeToo a emporté tous les hommes. Le féminisme a besoin de l'implication de toutes – et de tous – pour passer d'une révolution des esprits à une transformation dans les faits. Tant que certains hommes ne comprendront pas que ce combat doit les interpeller en tant que mari, père, patron, frère, citoyen… nous risquons de stagner quelques décennies supplémentaires. Comment transformer l'essai ? En commençant par nous interroger nous, féministes, sur la meilleure manière de nous adresser aux sceptiques, aux hésitants *(voir chapitre 12)*. Et au passage, ne perdons pas notre temps à tenter de convaincre les irréductibles.

L'application effective de la loi allongeant le congé paternité à 28 jours depuis le 1er juillet 2021 sera un bon indicateur du changement des comportements. Dans le champ privé aussi, beaucoup reste à faire. Qui n'a jamais entendu ce genre de propos lors d'un dîner entre amis : « Bien sûr que je suis féministe ! Mais je suis incapable de changer une couche ou de m'occuper du linge. C'est génétique, comme l'absence de sens de l'orientation de ma femme. »

Conclusion

Féministes, tout.e.s solidaires ? Si l'on a souligné ici l'existence de différents mouvements ainsi que leur histoire, il n'en demeure pas moins que cette multiplication et coexistence des divers groupes de supporters est réjouissante. En effet, si les récupérations et les agressions vis-à-vis des non-convaincus ne sont pas acceptables, il reste largement de la place pour toutes les sensibilités pro-mixité, chacun y allant avec ses mots et ses méthodes, pour créer une accélération majeure, constructive et bénéfique pour la société.

CE QU'EN PENSENT LES DIRIGEANT.E.S

Delphine Ernotte Cunci, France Télévisions

<< Aujourd'hui encore, ce qui me fatigue le plus : être ramenée à l'état de femme par mes pairs (l'humour est une réponse), me faire couper la parole y compris par mes équipes (je le relève toujours), voir la persistance du sexisme ordinaire (c'est une lutte épuisante malgré les formations), voir si peu de femmes dirigeantes de haut niveau endosser le féminisme. >>

Chapitre 4

ET **L'HYPERTENSION** #METOO **PAR-DESSUS** LE **MARCHÉ**

INÈS DAUVERGNE HADDOUT ET PETE STONE

L'irruption récente des violences sexuelles et sexistes dans le débat public semble enfin mettre un coup d'arrêt à la loi du silence. Mais cette prise de conscience tant attendue s'infiltre-t-elle jusqu'au cœur de l'entreprise ?

#MeToo : une libération de l'écoute plus encore qu'une libération de la parole

Datant de 2007, la première campagne #MeToo a été lancée par la militante antiraciste et féministe américaine Tarana Burke pour dénoncer les violences sexuelles aux États-Unis à l'égard des personnes racisées. Lorsqu'il ressurgit dix ans plus tard[17] avec l'affaire Harvey Weinstein, ce hashtag devient un phénomène planétaire, symbole de la parole des femmes victimes de violences sexuelles dans leur vie professionnelle.

Décliné en France sous le nom de #BalanceTonPorc, le mouvement #MeToo est souvent présenté comme un mouvement de libération

---

17 Le 15 octobre 2017, le hashtag #MeToo est (re)lancé par l'actrice Alyssa Milano.

de cette parole féminine. En réalité, il a plutôt permis de la rendre audible et déculpabilisante. Au-delà de la grande diversité des témoignages, tout s'est débloqué lorsque des femmes puissantes et médiatisées ont osé confier avoir elles aussi été harcelées ou agressées. Avec #MeToo et #BalanceTonPorc, la honte peut enfin changer de camp : au lieu de se demander ce qu'elles ont dit ou fait pour avoir été ainsi harcelées, les victimes n'hésitent plus à énoncer publiquement les faits.

Précisons que la France n'a toutefois pas attendu #MeToo pour mettre le sexisme et les violences sexuelles en accusation. À partir de 2012, on a vu plusieurs initiatives personnelles fleurir dont le remarqué « Paye ta shnek ». Lancé par une jeune graphiste marseillaise afin de dénoncer le harcèlement de rue, ce blog a ouvert la voie à de nombreux sites de témoignages anonymes tels que « Paye ton taf » pour l'entreprise, « Paye ta robe » pour les professions juridiques, « Paye ta blouse » pour le milieu médical, « Paye ta police », « Paye ta fac », « Paye ton journal », « Paye ta note » pour la musique, « Paye ton tournage », ou encore « JeDisNonChef » pour la restauration. L'ampleur du phénomène montre qu'aucun secteur ne semble épargné (même si certains secteurs n'ont aujourd'hui pas encore réagi) et les agissements rapportés sont souvent le fait de personnes occupant des positions de pouvoir.

Côté libération de la parole, on constate une évolution déterminante chez beaucoup de femmes, y compris chez les « modérées du féminisme » dans le sens d'une expression plus franche d'une colère, lorsqu'elles la ressentent, devant les différentes formes insidieuses ou évidentes de domination ou d'oppression, dans leur vie professionnelle ou dans leur vie personnelle. Cette expression semble aujourd'hui beaucoup plus acceptable qu'elle ne le fût il n'y a pas si longtemps. Autre « libération », dans le monde politique français cette fois, bastion d'un certain machisme assumé : les femmes politiques semblent elles aussi, depuis la vague #MeToo et courageusement, plus enclines à dénoncer les discriminations dont elles font l'objet, quand ce ne sont pas des agressions.

Un cadre juridique qui s'est considérablement durci

Parallèlement à ces mouvements spontanés de la société civile, le droit français a lui aussi évolué en 2015 avec une interdiction des comportements sexistes dans le cadre du travail. Il s'agit de la « loi Rebsamen », définissant le sexisme comme « des agissements liés au sexe d'une personne et qui ont pour objet ou pour effet de porter atteinte à sa dignité ou de créer un environnement intimidant, hostile, dégradant, humiliant ou offensant ». Trois ans plus tard, la définition du harcèlement sexuel a été élargie afin d'intégrer les agissements répétés à connotation sexiste et non plus seulement ceux à caractère sexuel. En outre, depuis que les entreprises ont des obligations de protection ET de prévention sur ce sujet, certaines d'entre elles nomment des salariés référents et mènent des actions de sensibilisation.

Le sujet devient incontournable en entreprise

En devenant donc peu à peu incontournable dans les entreprises, la question du sexisme et des violences sexuelles comporte des enjeux à plusieurs niveaux :

> des enjeux juridiques à mesure que les contraintes de protection et de prévention se renforcent ;

> des enjeux d'image sur les réseaux sociaux et dans la presse. Nombre d'entreprises s'inquiètent légitimement à l'idée d'être présentées publiquement comme complaisantes vis-à-vis des violences sexuelles ;

> des enjeux RH d'attractivité et de fidélisation. Les secteurs masculins qui peinent à recruter des femmes (ou qui les voient partir au bout de quelques mois pour cause d'environnement de travail non respectueux...) y sont de plus en plus sensibles.

Mais si les mentalités évoluent enfin, de vraies résistances persistent...

Au-delà de l'aspect réglementaire, un nombre croissant de femmes et d'hommes rejettent aujourd'hui des comportements et des propos qui étaient jusque-là largement banalisés ou minimisés au sein des entreprises, même si tous les secteurs d'activité n'avancent pas à la même vitesse. En particulier grâce aux nouvelles générations de salariés, les limites de l'acceptable se sont clairement déplacées. Chez les femmes et chez certains hommes qui ne se reconnaissent pas dans une injonction abusive de masculinité, on s'autorise enfin la colère.

Il serait toutefois excessif d'affirmer que le mouvement ne connaît ni heurts ni résistance. Par exemple, quelques femmes tiennent à défendre « la liberté d'importuner » et considèrent qu'il n'y a « pas vraiment de sujet ». Et du côté des hommes ? C'est un peu la confusion générale chez certains d'entre eux qui ne savent plus ce qu'ils ont le droit de dire ou faire sans crainte de passer pour d'irré-ductibles sexistes. D'autres, dans une mouvance plus masculiniste, se sentent carrément attaqués et ne comprennent pas pourquoi ils devraient cesser des plaisanteries qui n'ont posé aucun problème pendant tant d'années...

Rappelons que le Code du travail condamne les agissements sexistes en tant que « propos ou comportements intimidants, hostiles, offensants ou dégradants en raison du sexe ». Si la dimension offen-sante ou dégradante peut *a priori* sembler évidente, il demeure parfois compliqué de définir le sexisme ordinaire se manifestant par des plaisanteries stéréotypées, de l'humour à caractère sexuel, des compliments sur la tenue vestimentaire ou l'apparence physique... En particulier sur la question de l'humour, cette zone grise n'a pas fini de susciter débats et crispations au sein de l'entreprise.

De forts écarts de perception du sexisme

Sans surprise, cette notion de sexisme ordinaire est perçue de façon très différente en fonction du sexe. Selon une étude 2017 de la fondation WIF (étudiant la mixité dans les grands groupes), 49 % de femmes déclarent entendre des plaisanteries sexistes au travail contre 30 % d'hommes. Preuve de la spécificité française de la blague grivoise, ces pourcentages sont d'ailleurs trois à quatre fois plus faibles en Allemagne, en Italie et au Canada. Cela nous en dit aussi beaucoup sur l'humour tricolore, davantage porté sur la moquerie (telles les plaisanteries sur les femmes, les gays, les Belges, les gros, etc.) que sur l'autodérision...

À cela s'ajoute la question épineuse des compliments adressés par la gent masculine à la gent féminine. Un simple malentendu sur la signification de la galanterie ? Quand bien même celle-ci reste bienveillante, elle tend à nous délégitimer en faisant passer nos compétences au second plan, rétorquent de plus en plus de femmes. Quoi qu'il en soit, une distinction doit être faite entre la galanterie et la forme de politesse unisexe qu'est la courtoisie.

Le sexisme ordinaire s'exerçant souvent de façon inconsciente sans la moindre intention de blesser ou de nuire, le décalage peut s'avérer criant : pendant que les unes estiment que le problème n'est pas suffisamment pris au sérieux, les autres trouvent qu'on en fait beaucoup trop ! En quelque sorte coincée entre deux positions antagonistes, l'entreprise doit faire preuve de pédagogie afin de bien distinguer l'intention d'une parole et ses conséquences éventuelles. À elle aussi d'instaurer un climat de confiance pour permettre aux victimes (mais aussi aux témoins) d'exprimer leur malaise, voire leur souffrance, vis-à-vis de certains propos ou agissements. En ce sens, la solution la plus efficace consiste à poser un cadre très clair sur ce qui est accepté ou non en matière de propos et de comportements.

Gare à ne pas tomber dans l'écueil de la guerre des sexes

Pour un employeur, la pire manière de traiter le sujet est bien sûr d'en faire une guerre des sexes mettant en scène des bourreaux en puissance à surveiller de près et des victimes potentielles à surprotéger de façon préventive. Au-delà d'être injuste, cette approche risque de générer des blocages forts des deux côtés :

> craignant d'être victimisées du simple fait de leur appartenance au genre féminin et désireuses de lutter contre le politiquement correct, certaines femmes y voient une atteinte à la liberté de plaisanter ou de séduire au sein de l'entreprise ;

> refusant d'être stigmatisés du simple fait de leur appartenance au genre masculin, certains hommes se braquent et revendiquent le droit à l'humour sexiste ou à caractère sexuel en considérant que cela n'a jamais posé de problème au travail.

En résumé, traiter le problème du sexisme comme un combat des femmes contre les hommes produit souvent l'effet inverse de celui qui était recherché. Plusieurs études en psychologie sociale ont par exemple démontré que le sentiment de menace vis-à-vis de leur virilité générait chez certains des attitudes sexistes et homophobes. Pour éviter de tels écueils, le sujet doit donc impérativement être abordé de façon mixte et non binaire. Et attention aussi au sujet délicat des injonctions à la virilité dans le cadre professionnel. Pression à la réussite, culte de la compétition, difficulté à exprimer ses fragilités et ses émotions, culture du présentéisme tardif, mise en retrait de la vie familiale au profit de la carrière... Nombre d'hommes se retrouvent prisonniers de tous ces stéréotypes de genre qui risquent de nourrir les dérives sexistes.

Et du côté de la parole des hommes ?

Dans ce contexte trop souvent clivant, il ne faut pas s'étonner d'entendre encore assez peu d'hommes s'exprimer sur le sexisme en entreprise. À défaut d'être répandues et libérées, les réactions masculines sur le sujet n'en sont pas moins présentes. Elles s'expriment de diverses manières :

> ceux qui affichent leur soutien aux victimes tout en se posant énormément de questions sur le ton juste à adopter vis-à-vis de leurs collègues féminines ;

> ceux qui expriment leur inconfort vis-à-vis de l'humour sexiste ou sexuel parce que cela ne correspond pas à leurs valeurs, sans pour autant aller jusqu'à le clamer trop fort ;

> ceux qui se retrouvent témoins d'agissements sexistes (voire de violences sexuelles) vis-à-vis de leurs collègues féminines et culpabilisent de ne pas savoir comment les défendre ou tout simplement de ne pas oser s'opposer ;

> ceux qui prennent conscience qu'ils sont parfois eux aussi victimes de propos sexistes liés aux codes de la virilité dans leur entreprise. Ils subissent alors des remarques désobligeantes d'hommes ou de femmes qui les considèrent comme trop fragiles, manquant d'autorité, trop sensibles ou trop impliqués auprès de leurs enfants ;

> ceux qui sont victimes de violences sexistes et sexuelles. Les attaques peuvent venir de femmes avec des comportements de prédatrices (bien que ce soit un phénomène statistiquement beaucoup plus rare que venant d'hommes) ou de collectifs masculins très durs et virilistes. Dans de telles situations, les mécanismes typiques de défense et de minimisation sont encore plus forts.

Si les freins à parler restent encore importants chez les femmes victimes de sexisme ou d'agressions sexuelles, ils le sont sans doute encore davantage chez les hommes victimes du même fléau. L'enjeu est donc bien de protéger tout le monde sans distinction et de sanctionner tous les coupables quel que soit leur sexe.

Conclusion

Alors, charge à l'employeur de fixer un cadre clair sur ce qui est permis ? Traiter les cas graves de harcèlement ou d'agression sexuelle en sanctionnant les auteurs avérés est essentiel. Dans la plupart des organisations, il s'agit d'un progrès d'autant plus notable que ces dernières se sont longtemps abstenues de réagir. On le sait, la dévastatrice loi du silence a trop souvent été de mise parce qu'il était plus facile de déplacer ou de se séparer de la victime, parce que le sujet était tabou, parce qu'il était considéré trop compliqué à traiter, ou encore parce qu'il était minimisé.

Reste que les progrès sont encore loin d'être suffisants. Car il ne s'agit pas seulement d'identifier et de sanctionner les rares prédateurs sexuels sévissant au sein des entreprises. En d'autres termes, attention à ce que quelques arbres ne cachent pas une épaisse forêt... Diverses études montrent que les facteurs les plus prédictifs de l'émergence d'une situation de violence sexuelle dans l'entreprise sont avant tout organisationnels, managériaux et culturels à travers la banalisation de propos offensants et sexistes. Clairement, plus l'environnement est permissif en matière d'irrespect lié au sexe, plus il favorise l'émergence de situations de harcèlement sexuel.

Pour être efficace, le travail doit donc se faire le plus en amont possible. Plus l'entreprise sera claire sur le cadre qu'elle fixe en termes de comportement et de respect au travail, plus elle aura la capacité d'identifier et de traiter les signaux faibles. Cela peut également être l'occasion d'élargir la réflexion sur les notions de respect de toutes les différences et des micro-agressions. Le sujet du sexisme peut alors devenir un levier pour s'attaquer aux situations de racisme ordinaire, d'homophobie ordinaire, de grossophobie, de « classisme », de « validisme »… Vaste programme.

CE QU'EN PENSENT LES DIRIGEANT.E.S

Delphine Ernotte Cunci, France Télévisions

« Structurellement, France TV, que je dirige, est branchée sur l'opinion en touchant quatre Français sur cinq toutes les semaines, or il faut deux ans d'anticipation pour nos fictions, un an pour nos documentaires : #MeToo a marqué un tournant, car l'entreprise s'est trouvée en mesure de diffuser aussitôt des contenus sur les violences sexuelles et sexistes, probablement car les équipes avaient eu l'intuition et j'avais lancé le sujet mixité bien avant. Ce sujet reste difficile à l'intérieur de l'entreprise, qui n'est pas étanche à la société. »

Denis Machuel, Sodexo

« Nous avons vécu avec le ComEx un moment qui m'a bouleversé. Je venais de prendre mon poste de DG et Rohini Anand, notre EVP Diversity & Inclusion, me dit : puisque tu as un nouveau ComEx, il est important de vraiment ancrer l'équipe. J'ai dit banco. Nous nous sommes assis en deux cercles : le cercle des femmes et autour, derrière, le cercle des hommes. La seule chose que l'on pouvait faire était écouter. La conversation tournait autour de la manière dont elles avaient vécu leur condition de femmes dans leur carrière : est-ce qu'elles avaient été exposées à des moments difficiles ? Puis l'animateur a posé la question : "Est-ce que, au cours de votre carrière, vous avez connu des moments de harcèlement ? Levez-vous si c'est le cas..." Toutes les femmes du ComEx se sont levées ! Et là tu te dis... "Waouh... elles ont TOUTES vécu cela." »

Carlo Purassanta, Microsoft France

« C'est très dur à vivre en entreprise une enquête de plusieurs mois diligentée sur le signalement d'un lanceur d'alerte. La déflagration #MeToo a probablement aidé, dans un contexte où nous formions les gens à oser lever la main. Quand une culture d'équipe est orthogonale aux valeurs de l'entreprise, même au nom du team-building, il faut savoir protéger les personnes, le lanceur d'alerte, l'entreprise, et faire peser le risque sur les responsables. C'est un apprentissage difficile, mais salutaire, qui teste la capacité d'équité et de confiance de l'entreprise. »

L'entreprise d'aujourd'hui doit être...
...en adéquation avec la société d'aujourd'hui !

Partie II

L'ENTREPRISE SOUS PRESSION

L'entreprise est cernée par des remous sociétaux qui remodèlent en permanence les contours de la mixité femmes-hommes pour laquelle des programmes avaient été solidement bâtis. Ceux-ci ne délivrent pas ou plus les résultats escomptés des premiers temps, alors même que tout le monde se mêle de leur demander des comptes publics, voire menace de « name and shame ».

Comme dans les bouchons sur les routes, les autres semblent parfois avancer plus vite (des concurrents, des investisseurs, des acteurs publics, des pays). Cela déstabilise le soutien des directions générales et crispe le middle management, tandis que les collaborateurs envoient valser la frontière vie pro/vie perso, augmentent leurs exigences de reconnaissance personnelle sur mesure et explorent les frontières identitaires qu'on pensait immuables, en tout cas par rapport à l'échelle du temps business.

Chapitre 5

L'ENTREPRISE DANS UN **NOUVEAU** CYCLE D'EXPÉRIENCES **MIXITÉ**

PATRICK SCHARNITZKY ET AVIVAH WITTENBERG-COX

Pourquoi l'entreprise et les actions mises en place sur le sujet de la mixité depuis des années sont-elles dans une impasse urticante, qu'elle ne voyait pas venir il y a seulement cinq ans ? Face à des résultats en demi-teinte, les « partenaires » de l'entreprise sont devenus impatients et lui mettent aujourd'hui la pression. Pourquoi ces actions ne répondent-elles plus aux attentes ? Quelles sont ces nouvelles pressions ? Et comment changer la façon d'aborder le sujet pour aller vers une vraie stratégie mettant la mixité au cœur des enjeux de développement des entreprises ?

Trois tentatives et... trois échecs

Au cours des deux dernières décennies, les entreprises ont tenté à trois reprises d'intégrer l'équilibre entre les sexes. Trois vagues successives pleines de bonnes intentions, mais largement inefficaces. À qui la faute ? Avant tout aux hypothèses erronées sur lesquelles ces tentatives étaient fondées. Explications.

1 Phase 1 : l'entreprise méritocratique et aveugle au genre

<< Je me fiche totalement du sexe de mes collaborateurs. Tout ce qui m'importe, c'est leur compétence. >>

Quiconque travaille en entreprise a forcément déjà entendu ces mots dans la bouche d'un manager. Rien à redire sur ce principe de la méritocratie, qui est d'ailleurs plébiscité avec une foi touchante tant par les hommes que par les femmes. Reste qu'il repose sur un système de valeurs bien différent d'un genre à l'autre. Puisque c'est ainsi qu'ils ont gravi les échelons un à un, les hommes misent énormément sur l'autopromotion de leurs mérites pour leur permettre d'atteindre les plus hauts sommets. De leur côté, les femmes pensent au contraire que seule compte la compétence (le fameux syndrome de la bonne élève…) pour être remarquée puis promue.

Hélas pour elles, le réseautage interne et les actions de *personal branding* restent le plus souvent des preuves d'ambition nécessaires à quiconque vise un poste de direction. Et pour cause, puisque les hautes sphères sont fortement dominées par les hommes. Faute d'être récompensées à l'aune de leur propre conception du mérite, les femmes sont alors déçues, pour ne pas dire choquées, de découvrir que le beau parleur du bureau voisin vient de décrocher la promo qu'elles visaient. Et le comble, c'est que le type en question semble convaincu d'avoir gagné grâce à ses performances objectives ! Sans surprise, ces dames y voient un système discriminatoire à leur égard pendant que ces messieurs en concluent que leurs collègues féminines se plaignent tout en manquant d'ambition.

Un tel dialogue de sourds ne pouvait que déboucher sur de la frustration et sur le sentiment que les entreprises n'étaient pas sincères dans leur promesse de mixité. À raison ? En tout cas, la plupart des comités de direction ont clairement sous-estimé le fait que l'équilibre n'a aucune chance d'être atteint si l'on se contente d'intégrer des femmes à des systèmes conçus par et pour les hommes.

2 Phase 2 : réparons les femmes !

« Pour me seconder, j'ai besoin de quelqu'un qui me ressemble, quelqu'un qui a faim et qui est prêt aux sacrifices nécessaires à sa fonction. C'est ça, un vrai leader ! »

Confiance en soi débridée, ambition assumée, priorité donnée à sa carrière 24 h/24, stricte compartimentation entre sa vie personnelle et professionnelle. De manière plus ou moins consciente, la plupart des hommes et des femmes ont une image très masculine du dirigeant. Non pas tant parce que c'est ce qui fonctionne, mais surtout parce que c'est le seul modèle auquel se référer. Derrière ces critères de leadership soi-disant objectifs se cachent en fait des stéréotypes datant de l'ère du mâle dominant. Et tant pis pour les styles managériaux développés par les femmes... Alors que ces différences d'approche pourraient être perçues comme un atout pour l'entreprise, elles sont au contraire souvent assimilées à une faiblesse. Dit autrement, Sylvie a beau être pétrie de qualités admirables, contrairement à Sylvain, elle ne coche pas toutes les cases d'un leader... Dans ces conditions, rien d'étonnant à ce que l'autoreproduction des schémas du passé reste d'actualité.

Face à ce constat implacable, une phase dite « *Fix-the-Women* » a tenté de les convaincre de se comporter davantage comme des hommes. Conçus par des femmes et destinés aux femmes, de multiples programmes (avec notamment une déferlante de coaching) et réseaux se sont créés pour les aider à naviguer dans les cultures masculines, à défaut de les changer. Le résultat des courses ? Celles qui ont accepté de relever le défi ont le plus souvent été récompensées par des... critiques. On leur a en fait reproché de devenir trop dures et trop masculines. À tel point que les hommes s'en sont retrouvés effrayés et que les jeunes femmes ont vu en elles des anti-rôles modèles.

Encore très répandue dans les entreprises anglo-saxonnes, cette approche reste souvent perçue comme progressiste, y compris par les femmes. À l'instar du « *green washing* » consistant à faire semblant de lutter pour la préservation de l'environnement, on appelle cela le « *pink washing* ». Exemple, cette banque anglaise au comité de direction 100 % masculin qui sponsorise régulièrement des événements externes réservés aux femmes durant lesquels est vantée la mixité...

3 Phase 3 : ou sinon... réparons les hommes !

Plus récente et soi-disant plus progressiste en matière d'équilibre entre les sexes, une nouvelle démarche a consisté à prendre conscience des limites des deux premières phases. Après avoir ainsi réalisé que les entreprises n'étaient pas aussi méritocratiques qu'elles le croyaient et que les femmes n'avaient nul besoin d'être réparées, il a bien fallu trouver une autre explication au manque de mixité. Tous les yeux se sont alors tournés vers... les hommes que l'on a priés de se former à la lutte contre leurs « préjugés inconscients ». En dépit des meilleures intentions du monde, ces programmes ont fait des ravages. Les groupes dominants des entreprises se sont retrouvés accusés de... domination consciente ou inconsciente.

Bien que cela soit sans aucun doute avéré, le ton très moralisateur de ces sortes de séances de rééducation a généré une dérive assez inattendue nommée la « licence morale ». À savoir qu'une fois formés à la diversité, nombre d'hommes se sont sentis débarrassés de tout sentiment de culpabilité et donc autorisés à revenir à leurs anciennes habitudes. De plus, en ciblant avant tout l'encadrement intermédiaire, ces formations n'ont eu guère d'incidence sur le comportement des dirigeants. Et, au final, ces derniers se sont souvent retrouvés accusés par leurs troupes d'un manque criant de sincérité.

Le problème d'une telle approche est qu'elle ne sensibilise en aucun cas les hommes (ni les femmes, d'ailleurs) aux véritables différences entre les sexes et à la bonne manière de les gérer. Cela revient à suggérer que le problème des Occidentaux travaillant avec les Chinois est avant tout dû à leurs préjugés. Que s'ils se montraient plus tolérants et inclusifs, ils tireraient davantage parti de l'énorme potentiel économique de cette puissance émergente. Non seulement c'est absurde, mais c'est surtout paradoxal. Ce n'est sûrement pas en blâmant leurs managers que les entreprises obtiendront un maximum de profit des ressources apportées par les deux sexes. Non, elles doivent au contraire développer les compétences nécessaires aux performances dans un contexte de mixité.

PROPOSITION POUR UNE TRANSFORMATION D'ENTREPRISE INCLUSIVE DES PILIERS DU XXIᴱ SIÈCLE : « *WEB, WEATHER, WORLD, WORTH & WOMEN* »

Les cinq transformations clés qui remodèlent les entreprises du XXIᵉ siècle sont liées et interdépendantes. L'équilibre entre les sexes est un levier pour une transformation plus rapide et plus efficace dans tous les domaines :

- *Web* : l'évolution technologique et la montée de l'intelligence artificielle ;

- *Weather* : la durabilité et le changement climatique, que les entreprises et les pays ont maintenant un temps limité pour aborder ;

- *World* : la montée et les réactions à la mondialisation et l'émergence de nouveaux équilibres de pouvoir mondiaux et de nouvelles régions ;

- *Worth* : les inégalités au sein des pays et des entreprises qui créent d'énormes ruptures de confiance et menacent à la fois la démocratie et le capitalisme ;

- *Women* : l'arrivée massive de femmes dans l'éducation, les viviers de talents et les bases de consommation à travers le monde.

Les entreprises qui acceptent le potentiel de transformation de ces cinq questions et qui comprennent les liens entre elles seront en mesure d'aller de l'avant. Le monde à venir peut être construit en exploitant les progrès extraordinaires de la science, de la technologie et de l'émergence économique. La probabilité qu'elles y parviennent sera directement liée à leur capacité à concevoir des stratégies, des produits et des services capables de tenir compte de l'équilibre entre les sexes. Ce sera la plus grande innovation sociale jamais connue. Le monde est prêt. Les entreprises le sont-elles ?

Ces trois phases successives nous démontrent que le déni et que les actions réparatrices finissent par essentialiser le sujet de la mixité en faisant porter la responsabilité des problèmes aux un.e.s ou aux autres. Seule fonctionne l'approche consistant à réfléchir à la mixité en engageant autant les femmes que les hommes. À ce titre, l'exemple des réseaux est éloquent.

Les réseaux en trois temps

1 Importés en France *via* les networks des géants américains, nos premiers réseaux féminins sont nés au début des années 2000. À l'époque, qu'ils soient intra ou inter-entreprises, tous ciblaient les femmes cadres, comme si les « petites carrières » n'étaient pas vraiment concernées. Exclus des discussions, les hommes ont très vite développé une posture un peu paranoïaque sur

les intentions communautaires, voire sectaires, des femmes. S'est alors développé un sentiment de discrimination inversée, souvent alimenté par des objectifs politiques peu glorieux. Les conséquences de ces dispositifs ségrégationnistes ? Une guerre des sexes repartant de plus belle ainsi qu'un renouveau des clichés sur la supposée faiblesse des femmes contraintes de se fédérer pour exister...

2 Vint ensuite l'ère de l'inclusion avec les hommes invités dans ces réseaux à participer aux réflexions et actions. Beau signe d'ouverture, diront certains. Sauf que... le diable se cachant dans les détails, d'autres y ont vu la preuve que les femmes avaient besoin d'être aidées par les hommes faute d'y arriver seules. Là encore, on essentialise chaque sexe dans de vieux stéréotypes. En outre, cela a fait la part belle aux hommes, les muant en figures héroïques.

3 Enfin, un troisième temps a vu l'éclosion de réseaux masculins censés équilibrer les dynamiques en corrigeant l'asymétrie des dispositifs. Peine perdue, hélas. D'abord, cela a donné le sentiment que les deux planètes avaient décidément bien du mal à fonctionner ensemble. Ensuite, l'idée même d'avoir des cercles masculins a envoyé le message que les hommes avaient eux aussi besoin de se regrouper pour se défendre contre un risque de discrimination à leur encontre. De quoi dénaturer totalement le problème bien réel de l'asymétrie des places au sein des entreprises...

Que de temps perdu et d'occasions gâchées, feront remarquer les défaitistes. Mais au moins peut-on se réjouir de la prise de conscience générale qu'aucune de ces solutions n'était pertinente. Salvateur, un consensus s'est enfin amorcé ces dernières années : les hommes doivent comprendre que la mixité est une nécessité autant pour eux que pour elles.

De plus, le cadre légal se durcit...

Bien que nombreuses depuis une quarantaine d'années, les lois sur l'égalité professionnelle n'ont pas récolté autant de fruits qu'espérés. Avec la loi du 27 janvier 2011 dite Copé-Zimmermann, imposant un quota de mixité dans les conseils d'administration des grandes entreprises, le monde politique semble néanmoins avoir lui aussi pris la mesure des enjeux. Grande cause du quinquennat d'Emmanuel Macron, l'égalité entre les femmes et les hommes est aujourd'hui omniprésente dans les discours et les programmes. Concrètement, les entreprises font face à un cadre légal qui se durcit autour de trois axes :

1. la lutte contre les plafonds de verre et la promotion des femmes dans les instances de direction ;

2. l'égalité salariale entre les femmes et les hommes ;

3. la lutte contre toutes les formes de sexisme et contre tous les agissements de harcèlement sexuel.

Applicable depuis mars 2019, l'index « égalité professionnelle » au sein des grandes entreprises a, par exemple, changé la donne. Certes, quand on sait que seul un score inférieur à 75/100 entraîne des pénalités, la moyenne générale de 87/100 traduit un niveau d'exigence sûrement trop faible. Mais cet outil a au moins le mérite de contraindre les organisations à calculer, mesurer et donc à identifier les zones de progrès. En outre, les résultats étant consultables publiquement, l'index stimule la compétition.

Par ailleurs, une nouvelle loi datant de janvier 2019 impose de nommer un ou plusieurs référents chargés de lutter contre le harcèlement sexuel et les agissements sexistes. Cette contrainte a rendu le sujet plus visible.

Au-delà de la contrainte directement liée à la mise en conformité, ces nouvelles lois ont pour vertu de rendre le sujet de l'égalité professionnelle incontournable. Autrement dit, cette dernière sort de sa niche RSE afin de franchir (enfin !) le palier du ComEx. Un nouveau statut qui change tout en matière de visibilité, de motivation des dirigeants, d'outils et du nombre de chiffres pour les budgets afférents...

Enfin, ne sous-estimons pas l'impact que peuvent avoir les lois sur l'évolution des mentalités. À l'instar du mariage pour tous qui a contribué à banaliser l'homosexualité, la dimension législative de l'égalité entre les sexes envoie un message fort qui se diffuse peu à peu dans l'inconscient collectif. À tel point que l'entreprise fait désormais face à un enjeu quasi darwinien : soit elle s'adapte, soit elle disparaît.

... et les enjeux deviennent économiques

Nombre d'études menées par des banques et des sociétés de conseil établissent une corrélation probante entre l'équilibre hommes-femmes des équipes de direction et les résultats financiers. Il reste bien sûr des dirigeants pour se moquer du manque de preuves de « causalité » entre ces deux paramètres. Mais d'autres, plus visionnaires, intègrent désormais l'équilibre entre les sexes dans leur planification stratégique. Et la pression se fait d'autant plus sentir qu'une demi-douzaine de grands noms du capital investissement (BlackRock, Axa, etc.) entrent dans le jeu. Gérant en cumulé plus de 13 000 milliards de dollars, ils viennent d'annoncer qu'ils cesseraient d'investir dans des entreprises aux équipes de direction trop déséquilibrées en faveur des hommes.

Autre évolution notable : les grandes entreprises mondiales se mettent à exiger de la part de leurs prestataires externes (cabinets d'avocats, agences de publicité...) les mêmes efforts que ceux qu'elles consentent en interne. L'équilibre entre les sexes dans les critères d'appel d'offres, voilà qui est résolument novateur.

■■■■ Conclusion

Vingt années d'actions mixité pour inventer, tester et déployer des actions dont les recettes sont aujourd'hui dépassées. Un arsenal législatif évolutif, une surexposition subite au sujet, notamment avec le 8 mars, et une guerre des sexes ringardisée sont autant d'éléments qui ont créé des effets de lassitude, voire de crispation. Des solutions novatrices existent et sont présentées dans la troisième et la quatrième partie de ce livre.

CE QU'EN PENSENT LES DIRIGEANT.E.S

Jean–Laurent Bonnafé, BNP Paribas

« Un programme de mixité se construit sur le temps long. Structuré depuis dix ans, nous atteindrons la fin d'un cycle dans sept ou huit ans, ce qui va nous amener à une forme de parité. La banque a la chance d'être par nature équilibrée dès le recrutement. Il n'y a aucune excuse à ne pas devenir une des premières entreprises de notre taille à atteindre la parité sur tout le spectre. »

Denis Machuel, Sodexo

« Il n'y a pas de stagnation ou d'essoufflement ; il y a une trajectoire de progrès non linéaire et cette non–linéarité rappelle que dès que l'on baisse la garde, on recule. »

Bernard Michel, Viparis

« La mixité n'est pas un projet d'entreprise en soi. En revanche, la RSE s'impose dans la raison d'être des entreprises, à travers les fonds d'investissement socialement responsables (ISR), de façon accélérée depuis la pandémie. Si on n'y travaille pas activement au niveau européen, une norme de type IFRS anglo-saxonne finira par s'imposer. Les conseils d'administration doivent prendre les devants et fixer des objectifs au CEO pour la RSE et la parité, avec impact sur sa rémunération variable. »

Stéphane Pallez, FDJ

« J'ai évolué sur ce point. Initialement, je mettais l'accent sur les femmes, la féminisation, l'augmentation de la place des femmes, etc. Maintenant, je parle de mixité car il faut que ce soit une aspiration collective. Il ne faut surtout pas que les hommes se sentent exclus. Pour moi, c'est crucial de leur montrer que l'équipe mixte, c'est l'intérêt de tous et pas seulement des femmes. La manière dont l'entreprise gère l'équilibre vie privée et professionnelle, c'est l'intérêt de tous. La mixité, ça inclut ! »

Chapitre 6

L'ENTREPRISE ET SES NOUVELLES PARTIES PRENANTES

Jean-Louis Carvès et Marie Donzel

Dans une époque où la transparence est preuve de vertu, toutes les parties prenantes y vont de leurs exigences. La cacophonie ambiante est-elle une opportunité ou un frein pour la mixité ? Et pour les dirigeants ?

De qui parle-t-on ?

Les Anglo-Saxons les appellent des *stakeholders* tandis que les francophones parlent de parties prenantes. Terme pour le moins nébuleux tant qu'on n'a jamais eu besoin de l'utiliser, une partie prenante désigne toute personne ou groupe de personnes s'intéressant à vos actions, à la manière dont vous les menez et au résultat qu'elles engendrent. Pour une entreprise, on pense donc au dirigeant.e, employé.e, client.e, fournisseur, partenaire, concurrent, investisseur, gouvernement, syndicat, ONG, association ou encore organisme de certification.

Écosystème mixité : cartographie des parties prenantes

À l'intérieur ou l'extérieur des entreprises, les personnes ou structures qui suivent ont toutes un rôle à jouer pour faire progresser la mixité femmes-hommes intra-muros.

Au sein de l'entreprise

Qui ?	Pour quels enjeux principaux relatifs à la mixité ?
Le ou la dirigeant.e	Vision (quoi, pourquoi), impulsion durable, motivation des collaborateurs, mandat du conseil d'administration, prise de parole publique, échange avec les pairs
Les instances de direction : ComEx du groupe, CoDir d'entités	Vision (comment), objectifs, budgets, *sponsorship*
La direction des ressources humaines	Process égalitaires, outils de lutte contre le sexisme, mesure des écarts de salaire, formation, référentiels de compétences
Les experts mixité internes : responsable mixité/diversité, référent égalité FH	Déclinaison opérationnelle de la vision en plans d'action, veille des pratiques et acteurs externes, mobilisation des « alliés », vigilance (ambition et atteinte des objectifs, pratiques innovantes ou problématiques)
La direction RSE	Reporting RSE, document universel groupe
La direction de la communication	Éléments de langage sur la mixité, visuels, sémantique, marque employeur
La direction des achats	Appels d'offres sur critères, remise de trophées fournisseurs
Les réseaux internes	Animation des actions, force d'idées pour les plans d'action

Qui ?	Pour quels enjeux principaux relatifs à la mixité ?
Les corps intermédiaires : syndicats, IRP, CSE	Négociation et validation des actions, procédures de lutte contre le sexisme
Les collaborateurs : salariés, candidats, recruteurs, intérimaires, freelances	Prises d'initiatives parfois collectives, remontées d'expériences et de vécu

Tableau 1 : les parties prenantes à l'intérieur de l'entreprise

À l'extérieur de l'entreprise

Qui ?	Pour quels enjeux principaux relatifs à la mixité dans l'entreprise ?
Les pouvoirs publics : État et collectivités ; ONU, FMI, OCDE, OIT, Europe, HCEfh, CESE ; instances administratives, judiciaires et autorités régulatrices ; G7, G20	Évolution des réglementations, lobbying/alignement sur les mesures à venir, veille législative, judiciaire et économique
Les instances de mesure et de normalisation : labels, chartes, baromètres, agences de notation et de certification, référentiels internationaux (exemple : Global Compact)	Fixation d'objectifs, benchmark, marque employeur, visibilité/ matérialité des actions et des politiques mixité, harmonisation du reporting
Les réseaux inter-entreprises : réseaux mixité, fédérations de réseaux, organisations patronales et syndicales (MEDEF, AFEP, Branches, OS), réseaux de dirigeants	Benchmark des actions, partage de bonnes pratiques, échanges d'informations sur les acteurs de l'écosystème mixité, programmes inter-entreprises (exemple : Mixité en Seine)
Les partenaires finances : investisseurs, banques privées, BPI, fondations	Imposition de critères et dereporting
Les partenaires associatifs : notamment AFMD, ORSE, Laboratoire de l'égalité	Veille et conseil sur les actions/ bonnes pratiques, production de référentiels
Les partenaires scientifiques : laboratoires de recherche, universités, chercheurs	Veille scientifique sur les travaux, partage de résultats ou conduite d'études *ad hoc* pour objectiver les pratiques

Qui ?	Pour quels enjeux principaux relatifs à la mixité dans l'entreprise ?
Les fournisseurs : consultants, coachs, sous-traitants, prestataires, start-up incubées, agences de communication, avocats	Conseil et accompagnement sur les dispositifs et actions à mener : mentoring, diagnostics, mise en place d'actions, repérage de signaux faibles
Les clients : BtoB/BtoC	Imposition de critères d'appel d'offres ; interpellations publiques, appels au boycott
Les médias : presse généraliste, spécialisée, newsletters, podcasts, réseaux sociaux	Veille sur les tendances en matière de mixité dans les murs de l'entreprise et dans la société en général
Les influenceurs : think tanks, blogosphère/Twitter, mouvements citoyens, lanceurs d'alerte, lobby	Veille sur les tendances, les appétences, les aspirations citoyennes, relais d'idées
Les organismes d'événements thématiques : notamment Women's Forum, Global Summit of Women, Jump, programme EVE	Partage de bonnes pratiques, développement personnel des collaborateurs, acculturation aux thématiques de la mixité, networking, communication internationale des messages/ propositions collectives

Tableau 2 : les parties prenantes à l'extérieur de l'entreprise

Au même titre que le respect de l'environnement, la question de la mixité est aujourd'hui emblématique de l'importance des relations développées par une entreprise avec ses parties prenantes. Par exemple, c'est pour elle l'occasion de véhiculer au public une image moderne ou totalement désastreuse lorsque paraît dans la presse la photo d'un ComEx 100 % mâle-blanc-quinqua-cravaté. Cette même mixité peut aussi être un symbole d'attractivité vis-à-vis des nouvelles générations ou de répulsion pour cette boîte aux salaires généreux mais réputée machiste.

Bref, avec l'émergence de la culture (voire du diktat) de la transparence, les entreprises doivent rendre de plus en plus de comptes à leurs parties prenantes en matière d'égalité de traitement entre femmes et hommes.

▬▬▬▬ Trois scénarios

Cette contrainte de transparence et de collaboration engendre trois scénarios typiques, venant illustrer la variété et la complexité des rôles et interactions exercés par ces différents acteurs.

1 Scénario 1 : chronique d'un désastre annoncé

C'est l'histoire d'une entreprise parisienne que Leibniz aurait pu prendre en exemple pour illustrer son « meilleur des mondes possibles ». On y croise des gens jeunes, beaux, créatifs, brillants et élégants dont le sens de l'humour n'a d'égal que leur aisance dans les relations informelles. En résumé, tout ici est cool, convivial et coloré. On bosse sur des projets stimulants, on voyage, on s'amuse, on est fier des succès de la boîte... Jusqu'au jour où paraît dans la presse spécialisée un article présentant ce paradis comme un enfer pour au moins une quinzaine de femmes. Elles témoignent d'agissements sexistes répétés, de harcèlement sexuel caractérisé, d'agressions sexuelles dans le cadre de moments festifs et de l'impunité insultante dont bénéficient les auteurs de tels actes. Ces femmes s'étaient en fait mobilisées à l'appel d'une association composée de juristes compétent.e.s et doté.e.s d'un gros réseau lui donnant accès aux parties prenantes qui comptent : membres du gouvernement, journalistes acculturé.e.s au monde post-#MeToo, cabinets de conseils influents sur les thématiques RPS, donneurs d'ordre en quasi-capacité de faire la pluie et le beau temps sur le référencement des fournisseurs... Après avoir reçu deux, puis cinq, puis une vingtaine de témoignages de salariées de cet enfer déguisé en paradis, l'association en question, activant un protocole rodé, avait commencé par adresser à la direction RH un e-mail l'invitant à se mettre en relation avec elle pour s'accorder sur un plan d'action permettant de mettre fin à de tels agissements. Elle avait également prévenu les destinataires de la missive que, en cas d'absence de réaction, l'affaire serait révélée aux médias et sur les réseaux sociaux.

Et c'est (hélas) ce qui s'est donc produit. Ce courriel est-il resté au fond d'une liste de choses plus urgentes ? A-t-il été transféré au service juridique qui n'y a pas prêté d'attention ou à la direction de la communication qui n'a pas vu le danger ? Peu importe, le mal est fait et les médias sortent l'affaire... C'est à partir de ce moment-là que la notion de « parties prenantes » prend toute son importance. Les représentants du personnel attaquent la direction avec d'autant plus de zèle qu'ils se sentent peut-être secrètement coupables d'avoir failli à leur rôle de protection. Les clients « grands comptes » s'inquiètent d'être indirectement éclaboussés par le scandale. Certains fournisseurs demandent à en savoir plus. Et ne parlons pas des salarié.e.s. Le camp des justiciers de la dernière heure résolument aux côtés des victimes fait face à celui des avocats experts de la présomption d'innocence. Dans une ambiance délétère, on cherche à deviner l'identité de celles qui sont allées se plaindre et on débat sur les bienfaits ou les excès du mouvement #MeToo. Big bazar !

L'histoire se finit-elle bien ? Oui et non. Oui en ce sens qu'elle a au moins permis à une population de salarié.e.s pourtant *a priori* convaincue qu'elle était du bon côté de la mixité de découvrir la complexité du sujet. En tout cas, on ne l'y reprendra plus à croire que quelques convictions citoyennes sur l'égalité suffisent à désarmer les stéréotypes intériorisés. Reste que cette prise de conscience s'est payée au prix fort de la souffrance de victimes qui se sont tues jusqu'à n'en plus pouvoir ; de la souffrance aussi des individus mis en cause eux-mêmes dépassés par les actes dont ils s'étaient rendus coupables ; de la souffrance d'un collectif de travail ravagé par la méfiance et de dirigeant.e.s désorienté.e.s.

Notre optimisme nous porte à croire que l'on peut reconstruire sur les ruines. Que, en œuvrant avec courage, il est possible de rétablir la confiance à peu près aussi vite qu'un écosystème environnemental trouve résilience quand cesse la maltraitance. Il n'empêche, cette affaire douloureuse pour des centaines de personnes a commencé par un courriel. N'accusons pas celui ou celle qui l'a reçu sans le prendre au sérieux. Bien entendu, n'accusons pas l'association qui a jeté le pavé dans la mare. N'accusons pas non plus celles et ceux qui y ont vu une agression contre une culture d'entreprise qui leur seyait si bien. En fait, n'accusons personne mais retenons la leçon : tout s'est joué sur un mail négligé. « Aucune partie prenante tu ne négligeras ! »

2 Scénario 2 : l'alignement des planètes

Notre deuxième récit nous éloigne des quartiers branchés de la capitale pour nous conduire dans une région industrielle de l'Est de la France où une entreprise tente de longue date de féminiser ses effectifs. Certains accusent le travail en horaires décalés, mais on sait au fond que l'argument ne tient pas la route puisqu'il n'a jamais empêché les femmes de devenir infirmières ou serveuses. L'entreprise en question est pourtant dotée d'un solide réseau œuvrant en faveur de davantage de mixité dans les métiers dits « masculins ». Sponsorisé par le CoDir, ce cercle compte en outre la directrice des achats parmi ses membres les plus actifs.

Tombe alors en interne le projet du renouvellement des tenues de sécurité et des uniformes commerciaux. L'Ademe[1] est dans le coup et il est ici question de rationalisation environnementale. Notre réseau en profite néanmoins pour s'emparer du sujet sous l'angle de la mixité puisque de nombreuses femmes se plaignent de devoir porter huit heures d'affilée une veste comprimant leur poitrine. Et pour cause, celle-ci a clairement été conçue sur un mannequin

---

1 Agence de la transition écologique : www.ademe.fr

à la morphologie androgyne sinon masculine. Autre anecdote racontée par certaines employées : la nécessité d'enfiler trois paires de chaussettes pour ne pas trop se perdre dans leurs chaussures de sécurité dont la pointure démarre au... 40 fillette.

Les personnes en charge de rédiger le cahier des charges se retrouvent donc face à une double problématique : d'une part, un phénoménal gâchis de tenues inappropriées (certaines ne sont jamais portées) qui induit une facture environnementale d'autant moins négligeable que ces tenues sont importées ; d'autre part, une inadéquation entre la conception standardisée des tenues et les profils divers que l'on entend recruter. Reste maintenant à trouver des fournisseurs de tenues aptes à réduire l'impact carbone tout en faisant en sorte que chaque morphologie soit respectée. Le tout sans flambée des prix, bien sûr.

Le résultat quelques semaines plus tard ? Un franc succès. En dépit d'environnements différents et de contraintes parfois opposées, tout le monde y a trouvé son compte : la direction des achats, soucieuse du juste prix pour la qualité promise dans le respect d'une chaîne de valeur vertueuse, mais aussi le réseau de femmes, préoccupé de faire entendre que le sexisme se joue dans le détail et qu'une tenue adaptée fait toute la différence. Il présente désormais cet épisode comme une vitrine de son pouvoir d'action et les mauvaises langues (celles qui l'avaient qualifié de « club Tupperware ») se sont tues. Loin d'être un gadget, il a ici montré quel « agent pertur-bateur utile » il pouvait et devait être : a-hiérarchique, transverse, révélateur de « talents cachés ». Dans ce cas précis, les objectifs se sont alignés, les bonnes volontés se sont rencontrées et une histoire simple à raconter, tissant ses fils narratifs au cœur de la vie d'entre-prise, a pu faire démonstration de tout l'intérêt de prendre soin de son écosystème mixité. « Tes parties prenantes tu impliqueras, y compris dans des domaines *a priori* hors sujet ! »

3 **Scénario 3 : des relations un peu floues...**

La relation avec les parties prenantes débouche-t-elle toujours sur un désastre ou sur un alignement des planètes ? Non, bien sûr. Entre ces deux extrêmes, il existe une large palette de nuances... et autant de risques de perdre de vue la place de son projet mixité au sein de sa stratégie globale.

Le premier défi pour les « responsables mixité de l'entreprise » est une forme d'isolement, renforcé par leur spécialité unique dans l'entreprise, et potentiellement propice aux dérives. Ainsi, dans un milieu convivial où foisonnent les initiatives intéressantes et où les personnalités enthousiastes sont légion, il peut être tentant de laisser parler son cœur plutôt que de garder le strict cap de la feuille de route. Dès lors, certains responsables mixité sont facilement repérés comme généreux par qui veut conclure un partenariat, proposer une nouvelle méthode de certification, présenter une méthodologie de recrutement innovante, suggérer d'autres modalités d'influence, récolter des fonds, etc. Que chacun vienne avec ses propres intérêts en tête n'est pas un problème en soi. Mais si l'on dit oui à tout, la lisibilité en interne de l'action mixité risque de devenir floue... Et en externe, l'entreprise peut finir par être accusée de pratiquer le « *pink washing* ». Comment comprendre que cette société cotée travaille avec trois organismes de certification différents sur la question de l'égalité professionnelle ? À quoi rime ce foisonnement de partenaires associatifs dont la cause va du leadership des femmes jusqu'à la lutte contre l'excision en passant par la stimulation des petites filles aux études scientifiques ou l'engagement des hommes dans le partage des responsabilités domestiques ? Même si ces sujets – inattaquables sur le plan moral – comportent un point commun, pas sûr qu'il soit de la responsabilité des entreprises de tous les embrasser dans un ordre plus ou moins déchiffrable...

Un second point de vigilance est la forte personnalisation de la gestion des parties prenantes mixité dans l'entreprise. En effet, si l'individu en charge de développer ces relations avec les parties prenantes quitte l'entreprise, attention à ce que tout ce qui a été construit ne s'évapore pas dans la nature par la même occasion. Il suffit parfois d'un simple changement de « responsable mixité » pour qu'une société réputée *women friendly* retombe dans l'oubli sur le sujet. « Avec tes parties prenantes, tu ne confondras pas partenariat business et sympathie amicale ! »

Conclusion

Ces trois scénarios nous enseignent que les parties prenantes ont leurs propres agenda, temporalité, modalité d'actions, culture, langage... De ce fait, même au sein d'un écosystème où tous les acteurs sont sincèrement favorables à la mixité, le chemin n'a rien d'un long fleuve tranquille. Voilà pourquoi l'entreprise et surtout son/sa dirigeant.e ne doit jamais céder sa baguette de chef.fe d'orchestre. Ce n'est qu'ainsi qu'elle parviendra à jouer la partition correspondant à sa raison d'être et à ses intérêts.

ATTENTION À NE PAS OUBLIER LA CRÉATION DE VALEUR...

Interpellée sur son impact environnemental et social, l'entreprise ne peut plus se permettre de botter en touche. Si elle prospère au mépris des questions d'égalité sociale (au premier rang desquels tout ce qui touche à la diversité, donc la mixité), il se peut qu'à terme cela produise les mêmes effets sur les consommateurs que lorsqu'est révélé qu'une entreprise est esclavagiste ou polluante : désamour pour la marque, boycott, voire attaques massives sur les réseaux sociaux.

Pour autant, son objet consistant à créer de la valeur restant central à sa pérennité, c'est à partir de celui-ci qu'elle doit structurer la relation aux parties prenantes de l'écosystème mixité. À elle de définir de façon très précise ce que l'égalité femmes-hommes représente dans son business model (un vivier de recrutement ? des donneuses d'ordre potentielles ? des pouvoirs publics exigeants ? etc.). Les actionnaires ont lu avec intérêt les différents rapports d'étude mettant en évidence les bienfaits de la mixité sur la performance ? Tant mieux, mais il va maintenant falloir traduire cela en plan stratégique impliquant les RH, la com', le management intermédiaire et les équipes de terrain. Faire en sorte que chacun.e s'approprie ce plan de façon authentique sans en faire une case à cocher, telle est la condition *sine qua non* de la réussite *(voir parties III et IV)*.

***

UNE HISTOIRE DE « BIEN-VEILLEURS »

Confier la responsabilité de l'écosystème de parties prenantes mixité à un individu ou à une fonction n'est pas sans risques, on l'a vu dans le scénario 3. Une solution peut consister, lorsque cela est adapté à la taille et à la culture de l'organisation, à mettre en place une instance de gouvernance garante de l'alignement et la lisibilité du projet de l'entreprise, de son infusion en interne et de son rayonnement à l'externe. Cette « taskforce » fonctionne avec les mêmes standards d'exigence et les mêmes outils méthodologiques que n'importe quel autre service, notamment en matière de pilotage des objectifs.

Quid de sa composition ? Elle bénéficie d'emblée du sponsoring du ComEx, *via* la participation active d'un de ses membres (pas forcément la/le DRH !). Le/la président.e d'un réseau interne féminin ou mixte et un.e représentant.e du personnel y ont bien sûr également toute leur place. Mais attention à ne pas en faire un CSE (comité social et économique) *bis* dédié à la mixité ! Pour éviter de tomber dans cette redondance, cette instance embarque des patron.ne.s d'entités et des dirigeant.e.s des fonctions support les plus susceptibles de repérer et d'interagir avec l'écosystème de parties prenantes (les achats, la com', les affaires institutionnelles...).

Loin d'un comité Théodule, nous imaginons volontiers des mandats relativement brefs et des rôles tournants afin de soutenir le dynamisme de l'instance. Enfin, il peut être judicieux d'oser les contre-emplois dans l'attribution des investigations, afin de détecter ce que l'expert ne voit pas (par routine ou sédentarité) : au/à la représentant.e de la com' de relayer les attentes des fournisseurs et à celui/celle du service achat de veiller sur les influenceurs. Les membres de cette instance sont ce que l'on appelle volontiers des « bien-veilleurs » : chargés d'observer l'écosystème, ils imaginent les scénarios de ses prochaines mutations, détectent les signaux faibles, partagent les pratiques observées chez la concurrence et éclairent les sujets depuis leur expertise métier ainsi que leur propre citoyenneté.

CE QU'EN PENSENT LES DIRIGEANT.E.S

Jean-Laurent Bonnafé, BNP Paribas

« La mixité est un sujet d'intelligence collective et d'intérêt général. La loi Copé-Zimmermann, si elle a fait accélérer les choses, est peut-être l'arbre qui cache la forêt. Ce sujet, tout comme l'égalité des chances, la transition énergétique et la biodiversité, gagne à être abordé sous l'angle de la responsabilité plutôt que par de simples obligations. »

Delphine Ernotte Cunci, France Télévisions

« Parmi mes parties prenantes, certains discours sont maladroits : quand ma gouvernance exige que notre entreprise soit "le miroir de la société", je réponds qu'il faut plutôt qu'elle "représente la société telle qu'on la voudrait". Car la société est loin d'être idéale : pendant le premier confinement, on nous a reproché d'inviter trop peu de femmes professeures de médecine à l'antenne, alors qu'elles ne sont que 18 % à l'APHP. »

Chapitre 7

L'ENTREPRISE FACE AUX NOUVEAUX MODES DE VIE

MARIANNE CONSTANS ET DIDIER RABITI

En matière de mixité, le rôle attribué à l'entreprise a évolué et les attentes des salariés, influencées par les changements sociétaux, sont de plus en plus fortes. Puisque la frontière domicile/travail est désormais devenue floue, puisque les générations s'y côtoient, puisque les aspirations à l'épanouissement s'imposent hors et dans les murs, que doit comprendre l'entreprise de sa sociologie ?

Équilibre vie professionnelle/vie personnelle : un cadre à redéfinir

Quand le Saint-Graal, c'était le CDI, la sécurité de l'emploi et un bon salaire, la séparation entre vie privée et vie professionnelle était claire : ce n'était pas le rôle de l'entreprise de s'immiscer dans la vie personnelle des salariés et certains sujets restaient même tabous (situation familiale, etc.). Depuis près d'une décennie, on peut observer un glissement dans les attentes et demandes des salariés, toutes générations confondues, et un rôle nouveau attribué à l'entreprise, que l'on souhaite plus impliquée pour répondre aux besoins de chacun.e. Plusieurs facteurs contribuent à ce changement dont la conséquence principale est une organisation du temps et de l'espace de travail très différente ainsi qu'une forte demande de la prise en compte des situations individuelles. Ce n'est plus l'entreprise qui dicte les règles du jeu, c'est un nouveau dialogue qui s'installe où le maître mot est la flexibilité.

Travailler plus longtemps mais différemment

Les seniors ou les baby-boomers sont arrivés sur le marché du travail à une époque de prospérité économique. Les opportunités d'emploi étaient nombreuses. À l'époque, on envisageait de faire toute sa carrière dans la même entreprise. L'allongement de la durée de vie au travail a eu deux impacts principaux sur cette génération :

1 attendre la retraite pour réaliser ses rêves n'étant plus une option réaliste, les boomers souhaitent de plus en plus se ménager des temps de vie personnelle de qualité, et donc un meilleur équilibre des temps de vie ;

2 la carrière en ligne droite n'est plus vue comme l'unique option et même les avantages d'une carrière avec de multiples expériences se voient valorisés.

Par ailleurs, c'est la première fois que trois générations vont travailler ensemble, malgré leurs approches et attentes différentes vis-à-vis de l'entreprise, du travail et de la hiérarchie. On observe alors de plus en plus d'entreprises investir dans des programmes de mentoring, de tutorat inversé (où un junior peut accompagner un senior sur certains sujets – les outils technologiques, par exemple) ou encore réfléchir à des communications plurielles et adaptées pour toucher toutes les générations.

Enfin, un nouveau phénomène qui impacte les seniors a vu le jour : la nécessité d'accompagner régulièrement et bénévolement une personne de leur entourage (souvent ses parents) présentant une perte d'autonomie pour des raisons de santé ou de handicap. On appelle ces accompagnants les « aidants » et ils sont 11 millions aujourd'hui en France dont 5 millions accompagnent un proche âgé de plus de 60 ans. La flexibilité au travail devient alors un prérequis nécessaire pour les boomers et pas seulement : les parents de jeunes enfants sont aussi de plus en plus demandeurs.

De la maternité à une parentalité plurielle : une flexibilité nécessaire

Le sujet de la parentalité est sans doute un de ceux qui ont le plus évolué durant ces dix dernières années. Par exemple, on a trop souvent constaté comme une fatalité que les femmes quittaient des postes au premier enfant, car les horaires ou la charge de travail de travail ne leur permettaient pas de trouver un équilibre. Pour autant elles n'étaient pas moins ambitieuses ou moins engagées. Les premières actions des entreprises ont donc souvent été abordées uniquement sous l'angle « maternité » dans l'esprit « d'alléger le fardeau » des femmes. Mais de nombreuses évolutions sociétales ont conduit les entreprises à proposer aux salarié.e.s des dispositifs de plus en plus polyvalents pour couvrir l'ensemble du spectre des situations possibles (monoparentalité, homoparentalité, grand-parentalité, parents et aidants simultanément, etc.).

D'autre part, la montée en puissance du congé paternité, l'évolution du rôle des hommes à la maison, les doubles carrières, le nombre grandissant de gardes alternées en cas de séparation, ont généré de nouvelles attentes de la part des hommes. En parallèle (ou en conséquence), on a pu également constater une diminution des phénomènes d'autocensure des hommes sur ces sujets qui osent aujourd'hui revendiquer un droit à l'exercice de leur parentalité, et souhaitent pouvoir trouver des solutions pour que parentalité rime avec carrière. Les mesures liées à la parentalité sont alors intégrées dans les accords QVT et non plus dans les accords Égalité.

Cette remise en question a permis de mettre en avant que femmes et hommes ont tout à gagner d'une approche moins normée.

Outre la maternité, l'évolution des rapports femmes-hommes à l'intérieur des couples hétérosexuels tendant vers une égalité revendiquée, réveillée notamment (mais pas que) par le mouvement #MeToo, les rapports femmes-hommes dans l'entreprise s'en trouvent naturellement modifiés, tendant là aussi vers une revendication d'égalité plus importante dans les conditions de travail, dans les rémunérations, et simplement dans le traitement et la considération apportés aux individus.

Une flexibilité exigée par les nouvelles générations

Pour les générations X, Y et Z, l'équilibre des temps de vie est une condition fondamentale dans leur recherche d'emploi. L'important n'est plus d'avoir le poste le plus élevé et le meilleur salaire, mais bien de mettre du sens dans son métier, de partager les valeurs de l'entreprise, d'y trouver une vraie convivialité et d'avoir un maximum de temps libre ou flexible pour réaliser ses projets personnels. D'où le succès des programmes d'accompagnement à la transition professionnelle qui pullulent depuis plusieurs années comme *Switch Collective*, *On Purpose* ou *Ticket for Change*. Ou encore le boom des freelances depuis la création du statut d'autoentrepreneur : en 2019, on comptait 930 000 freelances en France, soit une progression de 145 % en dix ans. C'est près de 50 000 personnes qui franchissent le cap du *freelancing* chaque année ! Leurs principales motivations ? Ils sont 88 % à mentionner leur besoin d'indépendance et 81 % la possibilité d'organiser librement leur emploi du temps[2].

Par ailleurs, le développement continu et croissant des outils numériques a révolutionné le rapport au travail et remet en cause la nécessité d'être présent dans l'entreprise à des horaires définis.

---

2 « Le freelancing en France en 2019 » par Malt, https://resources.malt.com/fr/tendances/etudes/etude-freelancing-le-freelancing-en-france-2019/

Aujourd'hui, il est possible et désirable de pouvoir adapter son temps et son espace de travail pour mieux répondre à ses envies et besoins du quotidien.

LE CONFINEMENT : UN ACCÉLÉRATEUR DE CHANGEMENTS ?

L'année 2020 et le confinement national auront sans doute joué un rôle d'accélérateur de mise en œuvre de ces pratiques qui peinaient encore à émerger. Alors qu'en 2017 seulement 3 % des salariés télétravaillaient au moins 1 jour par semaine, le télétravail a concerné 34 % des salariés durant le confinement décrété de mars à mai 2020[3]. Qu'il soit subi ou préféré, ce télétravail imposé a créé de nouvelles habitudes, et le nombre idéal de journées télétravaillées que désirent les salariés est passé en moyenne de 1,4 jour par semaine à 2,1 jours après le confinement[4].

Cependant, l'application à l'extrême de ce mode de travail génère un risque psychosocial qu'il ne faut pas négliger, dû à l'absence de lien social, aux inégalités des conditions de télétravail, au sentiment d'isolement, etc. Parfois, les conséquences sont désastreuses et certain.e.s salarié.e.s. se retrouvent en situation de détresse psychologique.

Les femmes sont particulièrement touchées[5] par ces conséquences. Selon une récente étude du Boston Consulting Group[6], 34 % des femmes en télétravail s'estiment sur le point de craquer ou de faire un burn-out. C'est 21 points de plus que les hommes. Par ailleurs, plusieurs entreprises ont observé que les congés pour garde d'enfants étaient en grande majorité pris par les femmes.

---

3 Source : site du gouvernement – www.economie.gouv.fr/entreprises/teletravail?xtor=ES-29-%5bBIE_237_20201203%20-%20Relance%20non%20cliqueurs%5d-20201204-%5bwww.economie.gouv.fr/entreprises/teletravail

4 Source : Étude de L'IFOP et SFL (Société foncière lyonnaise), « Bureaux, l'heure de vérité. Après la crise, où travaillerons-nous demain ? » – www.ifop.com/wp-content/uploads/2020/12/Communiqué-Paris-WorkPlace-2020.pdf

5 www.novethic.fr/actualite/economie/isr-rse/journee-internationale-des-droits-des-femmes-comment-le-teletravail-freine-la-carriere-des-femmes-149602.html

6 Enquête réalisée avec l'Institut Ipsos auprès de plus de 2 000 salariés français travaillant habituellement au bureau, du secteur privé comme public – https://web-assets.bcg.com/0b/12/04722c3d4d0889a1152012d85c0e/etude-bcg-crise-de-la-covid-19-un-retour-en-arriere-pour-la-parite-hommes-femmes-au-travail.pdf

Ces données récentes, dont l'impact sur le long terme ne peut pas encore être mesuré, montrent donc une tendance croissante qui n'est pas de bannir le présentiel, ni de revenir à la situation pré-Covid, mais bien de trouver un meilleur équilibre entre vie professionnelle et vie privée, selon les aspirations et besoins de chacun.e.

Perception et compréhension des enjeux de mutation : des débuts difficiles

Vers un nouveau type de management et de « rôle modèle »

L'évolution des besoins des salariés en termes d'organisation du travail et la montée en puissance de certains sujets de société ont amené les entreprises à faire plusieurs constats :

> les jeux politiques en interne, la quête du pouvoir, l'expertise technique comme seule valeur fiable ou encore le manque criant de diversité aux postes à responsabilités sont remis en cause ;

> les valeurs chères à la jeune génération (confiance, agilité, coopération, transparence, engagement écologique, féminisme) s'opposent frontalement à celles de l'entreprise traditionnelle (performance, continuité et persévérance) ;

> la société érige de nouveaux types de rôle modèle, des femmes arrivent au pouvoir des gouvernements (Allemagne, Nouvelle-Zélande, Islande, etc.), le mouvement #MeToo ébranle l'industrie artistique (et au-delà), challenge les comportements sexistes et dénonce les harceleurs et les agresseurs.

Les entreprises ont compris qu'une adaptation était nécessaire et ont alors entièrement revu leur modèle de management : des méthodes d'évaluation de la performance à la posture même du manager que l'on souhaite voir prendre un rôle de coach-facilitateur, accompagnant ses équipes vers plus d'autonomie et de responsabilisation.

Un focus contre-productif à terme : accompagner les femmes

Cette évolution ne pouvait se faire sans les femmes et de nombreuses initiatives ont alors été mises en place spécifiquement pour les accompagner : formations sur les *soft skills*, mentoring, programmes de leadership au féminin, etc. *(voir chapitre 5)*.

L'intention était bonne, l'impact ne l'est pas. Après plusieurs années et des centaines d'actions, on remarque peu d'évolutions dans les faits : en 2019, parmi les soixante plus grandes entreprises françaises, on compte 0 femmes PDG, 2 femmes présidentes du conseil d'administration, 2 femmes directrices générales et elles ne représentent toujours que 18 % des comités de direction[7]. Même si elles ont pu aider un certain nombre de femmes, les actions et formations qui leur étaient spécifiquement destinées ont eu pour effet systémique, qui était à prévoir, de donner l'impression que les femmes, par nature, doivent être « réparées ». Parce qu'elles seraient par nature inadaptées, inopérantes, ou en d'autres termes, pas vraiment « faites » pour l'entreprise. Cela n'a évidemment pas aidé à donner envie de les promouvoir à des postes de pouvoir.

Pilotage des politiques et plan d'actions : qui est légitime ?

La question des prises de parole sur le sujet de la mixité, en interne comme en externe, tout comme celle du pilotage, fait parfois débat. Une femme est-elle plus légitime pour parler du sujet ou un homme sera-t-il mieux entendu car on ne pourra pas l'accuser de défendre ses propres intérêts ? Il n'y a évidemment pas de réponse toute faite, et la priorité n'est pas tant de savoir qui va en parler, mais plutôt comment on va aborder le sujet. Un homme peut paraître illégitime pour témoigner des difficultés, des freins rencontrés par les femmes ; en revanche, les hommes ont un rôle essentiel à jouer pour faire

---

7 Étude 2020 de l'observatoire Skema de la féminisation des entreprises – www.skema-bs.fr/actualite-skema/etude-2020-de-l-observatoire-skema-de-la-feminisation-des-entreprises

évoluer les mentalités, les idées reçues, remettre en question les modèles d'organisation et de management et pour impulser un changement durable.

La Qualité de Vie au Travail (QVT) : une notion de plus en plus large

De plus en plus, les entreprises prennent conscience de la nécessité d'ouvrir leur champ d'action à l'ensemble des salarié.e.s et de leurs situations individuelles, notamment en ce qui concerne la QVT. Elles sont alors amenées à proposer un panel de dispositifs, d'outils, d'interlocuteurs que chacun.e peut mobiliser en fonction des particularités de sa vie (vie familiale, vie sportive, vie associative, vie politique ou citoyenne, passions, engagement humanitaire, etc.).

Un exemple récent est celui des violences conjugales, où l'on voit progressivement des entreprises s'emparer du sujet et se positionner comme un espace protégé, un lieu où l'on peut trouver des ressources ou des aides (logement d'urgence, caisses d'entraide, assistantes sociales, location de véhicules, etc.).

Autre exemple : les dispositifs de don de jours de congé entre salarié.e.s qui créent un élan de solidarité dans des situations dramatiques.

Conclusion

Les entreprises qui ont su comprendre et s'adapter aux mutations sociétales liées à la place des femmes et des hommes dans la société, à la présence de plusieurs générations dans une même équipe et ont accepté une certaine porosité entre la vie personnelle et professionnelle, sont celles qui ont le mieux géré les crises et qui ont le plus progressé sur le sujet de la mixité. Aujourd'hui, une entreprise totalement hermétique à ces dimensions multiples du travail court un très grand risque d'être délaissée par un grand nombre de parties prenantes, depuis les candidats en recherche d'emploi jusqu'aux clients.

CE QU'EN PENSENT LES DIRIGEANT.E.S

Céline Lazorthes, Sista

« Je me trompe peut-être, mais j'ai quand même le sentiment qu'il y a une fracture générationnelle entre les 50 ans et plus et probablement ceux d'en dessous. Alors oui cette question est urticante pour les 45 ans et plus. Moi, j'ai beaucoup d'entrepreneurs de mon âge autour de moi, et je sais que ces deux dernières années, j'ai été sollicitée par des hommes qui voulaient avoir des femmes à leur conseil d'administration et dans leurs actionnaires avec cette démarche proactive de dire : "J'ai compris que la diversité est une source de richesses, j'ai compris que le boys club ce n'était pas une force pour ma boîte, et pas en termes de communication, mais pour la façon de penser." »

Carlo Purassanta, Microsoft France

« Quand je vois le niveau de précision intentionnelle que je dois déployer pour augmenter la proportion de femmes de 1 % par an dans mon entreprise, je me désole de calculer qu'il faudrait soixante ans pour corriger le CAC 40, ou vingt ans avec une intentionnalité sans faille. Pourtant, je me réjouis de constater que les jeunes générations sont différentes : je vois les jeunes femmes de 25 ans sans état d'âme en réunion, les jeunes gens très attentifs. Cependant, si vous plongez une poignée de ces jeunes dans une culture d'entreprise obsolète, ce sera fichu. C'est à ma génération d'y veiller sans relâche. »

Chapitre 8

L'ENTREPRISE ET L'ENVIE D'ÊTRE SOI

ARMELLE CARMINATI-RABASSE ET PATRICK SCHARNITZKY

Comment rester soi-même lorsqu'on est une femme (ou d'ailleurs un homme « atypique ») dans un univers masculin ? Et dans le même temps, pourquoi est-il devenu si important pour les entreprises d'accepter les appétences identitaires de chacun en sortant des simples différences anatomiques ? Et pourquoi l'entreprise doit-elle agir dans ce sens, que les managers y adhèrent personnellement ou pas ?

Femme-homme : quand la binarité biologique fait de la résistance

Drôle d'histoire que cette binarité femme-homme ! Tout d'abord, puisqu'elle partitionne la planète en deux catégories quasi équivalentes en nombre, cela ne devrait pas créer de rapport de force lié au poids des uns par rapport aux autres. Et pourtant... D'autre part, elle renvoie à des différences anatomiques visibles permettant une distinction nette dans l'immense majorité des cas, ce qui n'est pas vrai pour bien d'autres critères de la diversité. Enfin, cette binarité demeure le premier – et le plus archaïque – critère de distinction entre les êtres humains. Dès la naissance et même souvent avant, elle nous assigne immédiatement un genre.

Pour toutes ces raisons, être une femme ou un homme reste une dimension à part de notre identité. Un essentialisme qui continue à alimenter l'idée suivante en arrière-fond : quoi qu'on pense, dise ou fasse, une femme sera toujours une femme et un homme sera toujours un homme. Tout est-il dit et pouvons-nous dès à présent clore le sujet ? En dépit des travaux de plus en plus nombreux en neurosciences démontrant que les différences de personnalité ou d'aptitudes sont essentiellement des constructions sociales[8], il persiste en effet l'idée que tout cela n'est qu'une affaire immuable de gènes. Ce qui expliquerait d'ailleurs la distribution des rôles très sexués dans toutes les sphères de la société.

Pas si vite...

En réalité, l'état actuel du savoir scientifique démontre que les diffé-rences sexuées sont pour une très large part le produit d'un condi-tionnement à plusieurs niveaux. Tout se joue d'abord au sein du noyau familial avec l'impact des rôles identificatoires des parents et des rôles modèles homogènes. Puis entre en ligne de compte un cercle plus large comprenant l'école, les loisirs, le sport et toutes les assimilations à ses pairs. Enfin, s'ajoute le cadre sociétal avec ses codes médiatiques, sa législation, et ses références historiques, culturelles ou religieuses. Notre cerveau étant plastique et poreux, tout ce magma environnemental s'installe dans nos circuits cognitifs et chacun d'entre nous se construit sur la base de l'ensemble de ces influences extérieures.

---

8 Pour une revue de questions sur ce sujet, voir les ouvrages de synthèse de Catherine Vidal : *Les filles ont-elles un cerveau fait pour les maths ?*, Le Pommier, 2012 ; *Hommes, Femmes : avons-nous le même cerveau ?*, Le Pommier, 2007 ; « Le sexe du cerveau : au-delà des préjugés » *in Nos cerveaux, tous pareils tous différents*, Belin, 2015.

DES CHIFFRES QUI PARLENT D'EUX-MÊMES

En France depuis 2018, les filles (38 % de mentions TB ou B) sont titulaires du bac scientifique à parité avec les garçons (32 % de mentions TB ou B[9]). Une fois ce sésame en poche, elles représentent 64 % des étudiants en Santé et 62 % de ceux en Sciences de la nature et de la vie[10]. Leurs homologues irlandaises ne suivent pas vraiment la même voie puisqu'elles occupent, quant à elles, 64 % des options Mathématiques ou Sciences physiques[11].

Comment expliquer de telles différences dans les choix d'études autrement que par l'environnement ? Le chapitre 11 propose des réponses. À tout le moins, tout est affaire de rôles modèles et de confiance en soi (les expériences de psychologie sociale sur les effets de la stigmatisation le montrent[12]). Il est grand temps de faire mentir ces théories fantaisistes laissant croire que les femmes seraient génétiquement programmées pour aimer la poésie tandis que les hommes développeraient un talent naturel pour les chiffres.

Masculin/Féminin : une binarité sociale historique au service d'un rapport de force

Alors, pourquoi cette binarité anatomique est-elle encore si prégnante, nous conduisant à confondre inlassablement femme et féminin, homme et masculin ? Dans la mesure où l'histoire de l'humanité repose sur un rapport de force au profit des hommes, ceux-ci se sont toujours accordé les places sociales dominantes dans des systèmes pensés par eux, donc pour eux.

C'est là toute la tautologie de la mécanique, mais on pourrait aussi regarder les chiffres dans l'autre sens. Analysons, par exemple, la trajectoire

---

9 Source : ministère de l'Éducation nationale, rapport 2020, « Filles et garçons sur le chemin de l'égalité, de l'école à l'enseignement supérieur ».

10 « Filles et garçons sur le chemin de l'égalité, de l'école à l'enseignement supérieur », édition 2021 – www.education.gouv.fr/filles-et-garcons-sur-le-chemin-de-l-egalite-de-l-ecole-l-enseignement-superieur-edition-2021-322668

11 Source : Eurostat, educ_uoe_grad03 – https://ec.europa.eu/eurostat/fr/web/products-datasets/product?code=educ_uoe_grad03

12 Pour une revue de questions, voir l'ouvrage de Jean-Claude Croizet et Jacques-Philippe Leyens : *Mauvaises Réputations – Réalités et enjeux de la stigmatisation sociale,* Armand Colin, 2003.

des deux sexes dans les écoles de commerce. Les filles en sortent beaucoup plus nombreuses dans des fonctions support (RH, communication, marketing ou juridique), alors que les garçons alimentent la majorité des troupes du département finance. Dès lors, comment ne pas tomber dans le panneau de l'interprétation selon laquelle ces jeunes individus libres font des choix liés à leur sexe anatomique ? Cela correspond néanmoins à des grilles de valeur sociale et à un étalonnage des rémunérations dans les entreprises. En réalité, ce conditionnement social est profondément inscrit dans l'inconscient à la fois individuel et collectif. Puisqu'il est long et parfois douloureux de déconstruire un rouage sur lequel repose l'équilibre social, l'entreprise joue son rôle dans l'entretien de cette superposition. Et tant qu'on ne remettra pas en cause cet équilibre, on maintiendra une stabilité rassurante, si inégalitaire soit-elle. Cela d'autant plus qu'il continuera à profiter à ceux qui en ont posé les bases : les hommes. Pour autant, gare à ne pas tomber dans la théorie du complot... En effet, reproduire ne veut pas dire penser ou même conceptualiser un état de fait. Que se serait-il passé si, historiquement, les femmes avaient eu le pouvoir ? Auraient-elles spontanément partagé cette source de plaisir si addictif ? Rien n'est moins sûr.

Les temps changent enfin... et les identités aussi !

La société est en train de redistribuer les cartes de cette confusion entre sexe et genre. Ce n'est évidemment pas un mouvement spontané sorti du néant, mais l'aboutissement d'une lente évolution. Quoi qu'il en soit, l'heure est enfin venue de se questionner sur la légitimité de la superposition entre les différences sexuées et le genre des rôles sociaux et des métiers. Cette énergie nouvelle est en train d'installer l'idée qu'on n'est plus seulement un homme ou une femme, mais que chacun.e peut se situer quelque part sur un cadran bidimensionnel conjuguant sexe et genre. Les uns comme les autres peuvent s'y retrouver identitairement dans une forme de bien-être consonant. Dépasser la binarité permet de lutter par exemple contre toutes les autocensures. On parle beaucoup (trop) de celles des femmes et on réduit cette mécanique psychologique à un manque de confiance en soi. Or non seulement il s'agit là d'une vision obsolète et stigmatisante pour les femmes, mais elle impose en outre aux hommes l'obligation d'être de « vrais mecs ». Or, *quid* du père de famille qui doit quitter une réunion pour aller emmener sa fille à son entraînement de tennis ou celui qui est appelé par l'école car son fils est souffrant ? *Quid* de ceux que les blagounettes sexistes ne font pas rire mais qui font semblant pour être reconnus par la tribu ? Qu'il est difficile de résister à cette norme masculine si contraignante. Dépasser la binarité femmes/hommes est une façon de servir l'enjeu d'une mixité intelligente, au service de toutes et tous. Impactée au premier chef, l'entreprise doit prendre la mesure de cette lame de fond sociétale.

Masculin/Féminin : une binarité professionnelle qui se délite

Même si l'évolution reste lente, la mixité grandissante dans les formations et dans les métiers est en train de redistribuer les cartes de la valeur identitaire accordée aux deux sexes. Les entreprises mettent aujourd'hui l'accent sur le « oser être soi ». Depuis une dizaine d'années, celles-ci prennent conscience que plus un salarié est heureux, plus il est performant et fidèle. Cela s'inscrit dans la lignée de travaux, certes parfois peu sérieux, sur le bonheur au travail. Comme dans toute évolution, il faut bien sûr faire le tri entre les bonnes idées et celles qui servent avant tout l'intérêt de leurs promoteurs. Il n'empêche, un vrai travail de fond sur le sujet a été entamé. Reste qu'on est sans doute passé à côté d'un facteur essentiel : le sentiment de reconnaissance.

Oser être soi, mais comment ?

Être reconnu dans l'entreprise, c'est avoir le sentiment qu'elle valorise qui on est « pour de vrai ». Or, le fait d'oser être soi sans faux-semblant impacte directement l'identité sexuée. Ce nouvel élan pousse les salariés à refuser d'être dans une identité qui n'est pas la leur cinq jours sur sept. Au même titre que les boomers ne veulent plus faire semblant d'être jeunes, certaines femmes ne souhaitent plus être enfermées dans des rôles dits « masculins », tandis que certains hommes en ont assez d'avoir à respecter des codes virilistes. Pour autant, ce positionnement pour l'entreprise est difficile car deux courants tentent encore de choisir d'autres voies(x) :

1 nommé « leadership au féminin », le premier courant porte une parole de contre-modèle en avançant que les femmes ont des compétences ignorées des hommes telles que la fameuse empathie. Son positionnement consiste alors à proposer un autre modèle de leadership remettant du même coup en cause la domination masculine. Mais cette approche ne fait que renforcer l'idée d'une sexuation des compétences. Et nous voilà repartis avec des stéréotypes de genre, enfermant les femmes et les hommes dans un sexisme réarmé et dans une confusion renforcée entre sexe et genre[13] ;

2 le second courant va encore plus loin en encourageant les femmes à exercer un leadership « narcissique, héroïque et bruyant ». En d'autres termes, à elles de se battre pour prendre leur place à la table des dirigeants[14]. Ce qui revient ni plus ni moins à s'installer dans les chaussures d'un modèle masculin pour jouer des coudes en acceptant les codes. De fait, on valide inconsciemment que ce modèle est le seul qui fonctionne et on interdit aux femmes réticentes (et aux hommes lassés) toute alternative.

---

13 « Ce qui dans un premier temps peut servir de ressource, voire de sésame d'entrée, cautionne en fait une mise à l'écart du pouvoir réel. [...] Ceux qui sont qualifiés de "différents" restent des égaux sous condition... » comme l'écrit Réjane Sénac, politologue, directrice de recherche au Cevipof et enseignante à Sciences Po, qui a notamment publié *Égalité sans condition*, éditions Rue de l'Échiquier, 2019.

14 Ainsi, pour certains, la difficulté à s'imposer dans un monde dominé par les hommes ne viendrait pas uniquement des préjugés des hommes sur les femmes, mais viendrait également des préjugés que les femmes ont sur elles-mêmes. Le fameux « plafond de verre » serait d'abord dans la tête de celles qui en sont victimes. C'est en tout cas la thèse développée par Sheryl Sandberg, la numéro 2 de Facebook, dans son livre *Lean In*, Knopf, 2013 (édition française : *En avant toutes*, JC Lattès, 2013), où elle explique aux femmes comment casser le plafond de verre qui est en elles.

Oser avoir sa valeur et ses valeurs

Délaissant ces deux modèles à nos yeux erronés, notre approche ouvre les entreprises à deux idées conjointes :

1 les qualités d'un leadership ne sont pas liées au sexe du leader, mais à ses compétences et appétences. Plus on recrute, forme, et accompagne les femmes et les hommes vers le top management dans le respect des identités personnelles, plus on multiplie les modèles de leadership gagnants. Cela se fait pas à pas, en s'appuyant sur des compétences X statistiquement plus présentes chez les hommes et des compétences Y statistiquement plus présentes chez les femmes. Ainsi, on fait bouger progressivement la grille des valeurs et des compétences clés « viables » ;

2 pour parvenir à cela, l'entreprise doit en prendre conscience et « dégenrer » ses valeurs, ses process et son modèle managérial. Non pas en forçant ses managers à remettre en cause leur propre perception de leur identité, mais en les aidant à accepter d'élargir leur prisme d'appréciation des modes de contribution et des potentiels. C'est un point clé de cette approche : l'expérience montre combien un manager grandit lorsqu'il réussit à assembler un collectif varié et moins stéréotypé.

Quels bénéfices bilatéraux à lutter contre ces binarités ?

Les bénéfices du « oser être soi » ont un impact direct à quatre niveaux, pour les femmes comme pour les hommes, ainsi que pour toutes les personnes « *gender fluid* » ou non binaires :

1 en comprenant les appétences sociétales, l'entreprise est attractive à tous les talents et à tous les positionnements identitaires de genre. Elle élargit ainsi l'éventail des candidats qui perçoivent qu'elle est « *all gender friendly* ». Et au-delà du seul genre, cela entraîne une ouverture à des parcours atypiques, mais aussi à des codes plus variés, comportementaux, vestimentaires ou plus largement culturels ;

2 la confrontation des diversités de genre est bénéfique pour la créativité et l'innovation dans les équipes. Si chacun peut être soi sans se conformer, il hésitera moins à faire entendre sa voix divergente voire dissonante au sein d'un groupe ;

3 être soi-même et être reconnu dans sa singularité est un facteur de bien-être dans le travail, ce qui induit engagement, fidélisation et performance de celles et ceux qui, quand elles ou ils sont stigmatisés, risquent de s'assimiler, de s'autocensurer ou de quitter le groupe ;

4 enfin, et c'est le cœur de notre propos, en se « dégenrant », l'entreprise adopte une vraie posture de mixité au service de toutes et tous. Accompagnant autant les hommes que les femmes, elle réduit considérablement les risques de conflits, de suspicion de discrimination positive et le maintien d'une guerre des sexes larvée qui nuit au collectif et à sa productivité.

Des bénéfices au-delà de la mixité

Et dans un contexte où les entreprises sont toutes à la recherche d'un management plus humble, plus authentique et surtout plus agile, le « oser être soi » présente aussi des atouts indirects :

1 *il est authentique.* La diversification des rôles aide les managers (qui sont encore le plus souvent des hommes) à ramener du vrai et de l'intime dans leur discours. En sortant d'une posture masculine, l'homme peut assumer le télétravail, une implication dans son rôle parental, ou encore une verbalisation de ses émotions ;

2 *il est humble.* Dès que l'on sort du rapport de force femmes/hommes, il devient plus simple d'assumer des failles ou des erreurs

qui sont habituellement perçues comme incompatibles avec la figure du chef viril. En outre, travailler sur la question du « oser être soi » conduit inévitablement à aborder celle du « droit à l'erreur » ;

3 *il est agile.* Favoriser le « oser être soi » est aussi un moyen de stimuler l'esprit d'entreprendre « *out of the box* ». On ouvre le champ des possibles, on élargit le spectre des opinions et des idées, ce qui crée les conditions d'une puissante innovation cognitive.

■■■■■ Conclusion

Dégenrer l'entreprise sans tout déranger… ? L'objet de ce chapitre était de mettre l'entreprise sur le divan afin de comprendre pourquoi il est utile changer le discours *et* la posture. Il est maintenant important et urgent, dans les deux parties qui suivent dans cet ouvrage, de comprendre comment l'entreprise peut agir à trois niveaux : sur le fond des valeurs et du discours incarné par les instances de direction, sur les dispositifs et process RH pour s'outiller dans cette aventure la faisant sortir de l'opposition masculin/féminin, et sur le modèle managérial pour rendre très concrète cette posture de mixité au service de toutes et tous dans le quotidien des équipes.

CE QU'EN PENSENT LES DIRIGEANT.E.S

Carlo Purassanta, Microsoft France

« Mon rôle est de m'adapter à chaque situation, si je ne veux pas perdre les talents, ni leur faire perdre un niveau de progression. Quand j'ai dû remplacer mon "Chief of staff" en arrivant en France, j'ai été impressionné par une candidate enceinte de son quatrième enfant. Donc j'ai attendu six mois sans personne pour qu'elle revienne, puis je l'ai promue manager à la fin de son rôle. Aujourd'hui, sa trajectoire est non seulement préservée, mais même très rapide. C'est ce niveau de détermination que j'attends de mes équipes. »

LE JEU DES 5 DIFFÉRENCES

Partie III

REMIXER LE DISCOURS MIXITÉ

Combien de chartes d'entreprises, de discours d'engagement (pourtant sincères), de congrès et autres rencontres de réseaux pour adresser le sujet de l'égalité entre les femmes et les hommes depuis 2015 ? Combien d'études, de sondages, d'articles sur les réseaux sociaux pour dénoncer les inégalités, le sexisme ou le plafond de verre ?

La société tout entière et les entreprises sont inondées d'informations et d'analyses probantes, et pourtant... Pourtant, les mots portent peu ou pas assez. Alors nous proposons de réfléchir non pas au flux, mais à la façon dont il est nécessaire aujourd'hui de parler de la mixité et aux acteurs auxquels il faut adresser ces considérations.

Il nous semble nécessaire de recentrer le discours sur la mixité, non plus seulement sur les femmes, et surtout de déployer des postures appropriées à chacun des étages de l'entreprise : pour mettre en mouvement les dirigeants, pour sensibiliser les communicants aux codes et au poids des symboles, pour sensibiliser les étudiants – futurs acteurs et actrices, futurs décideurs et décideuses –, et enfin pour convaincre les réticents sans morale ni prosélytisme,

Chapitre 9

PARLER AUTREMENT DE LA MIXITÉ AUX DIRIGEANT.E.S

Xavier Alberti et Armelle Carminati-Rabasse

Comment faire passer les dirigeant.e.s de la compréhension intellectuelle du sujet à la capacité à en parler de façon authentiquement incarnée ?

Mais où sont donc les dirigeant.e.s engagé.e.s ?

« Marre d'entendre toujours Untel sur l'égalité femmes-hommes en entreprise... T'aurais pas un nom aussi crédible mais plus marqué nouvelle économie ? » « Bidule faisait des choses intéressantes, mais il a quitté son poste le mois dernier. » « Pitié, pas encore Dugenou ! C'est juste un beau parleur qui ne croit même pas à ce qu'il raconte. » « Et Machine, t'as réussi à l'approcher ? Moi, je n'arrive pas à passer le cap de son équipe com' qui refuse de l'exposer sur ce thème »... Aujourd'hui encore, les dirigeants engagés et visibles sur la mixité restent rares. Tant parmi les hommes que parmi les femmes (si peu nombreuses dans l'absolu de toute façon...), difficile de ne pas tourner en rond lorsqu'on sollicite une prise de parole publique sur le sujet... Pourtant, le premier des leviers, celui sans lequel toute initiative de mixité est vouée à moyen terme à l'échec, c'est l'engagement du ou de la dirigeant.e. Alors que se passe-t-il dans la tête d'un patron qui le fasse passer à l'action pour de bon ? Quand ils ou elles ont « vu le problème », comment parviennent-ils à « voir la solution » ? Une fois le point de bascule passé, comment transmettent-ils leur élan au collectif ? Sur quoi butent-ils et qu'est-ce qui les fait persévérer ? Et quand ils tiennent sur la durée, à quoi ressemble leur chemin ?

Peu importe le déclic, seule compte la prise de conscience...

Il y a celui qui a vu le champ des possibles de sa sœur – qu'il sait pourtant si brillante – se rétrécir inexorablement alors que le sien s'amplifiait. Il y a celle qui s'est emparée du combat pour l'égalité parce que son président lui a ouvert l'espace en lui demandant de l'aider à comprendre l'évaporation silencieuse des femmes à haut potentiel de l'entreprise. Il y a le pragmatique qui a compris très tôt qu'il devait éviter de s'entourer de clones pour démultiplier un empire protéiforme ; le converti qui veut laisser son empreinte par un héritage pétri de valeurs éthiques ; l'avisé en pleine guerre des talents qui a besoin de recruter tout ce qui bouge et ne veut pas se priver de la moitié des viviers ; l'innovateur acharné qui souhaite capter des points de vue que personne d'autre n'aura ; le profil citoyen qui se reconnaît un rôle politique dans la cité ; l'instinctif qui a saisi qu'en fabriquant du mieux-être, il récoltera de meilleurs résultats ; le premier de la classe qui tient à être en haut du podium dès qu'un gouvernement lance un classement ou menace d'une obligation...

Au fond, il appartient à chacun de sursauter un beau jour. Et peu importe la nature du déclic, pourvu qu'il y ait sursaut. Quant à l'élément déclencheur, évitons les jugements vains sur la noblesse supposée des uns *versus* l'opportunisme des autres, voire sur la « dilution » du sujet de l'égalité femmes-hommes dans la diversité ou la RSE. Au contraire, reconnaissons que même les engagés de longue date ont été des incrédules en leur temps. Notons au passage qu'il n'existe pas de prédisposition au déclic précoce. Preuve en est le secteur Tech dont la jeunesse n'a pas empêché l'omnipotence des hommes tant parmi les fondateurs, les collaborateurs que les investisseurs (ce qui a motivé le mouvement #Sista[1] né en 2019).

▰▰▰▰ ... mais pas avec n'importe quels mots

Pour beaucoup, la prise de conscience de l'étendue du problème passe par les chiffres (c'est imparable, un histogramme par grade pour visualiser les plafonds de verre ou les écarts salariaux), voire par l'émotion (c'est glaçant une vidéo[2] sur la discrimination). Mais alors que les dirigeants portent ès qualités une dimension de prise de parole, celle-ci est souvent laissée aux mains d'équipes de communication ou d'un cabinet d'influence aux priorités multiples. Dès lors, l'enjeu pour chacun et chacune est de se forger son registre à soi. Égalité, mixité ou parité ? Justice ou performance ? Fair-play ou gouvernance partagée ? En tout cas, on observe que les dirigeants adoptent plus aisément certains mots que d'autres. Notamment ceux qui traduisent une vision du monde de portée universelle, actuelle, pragmatique ou positive. En conséquence, pour toucher les patrons au cœur, mieux vaut :

> centrer le discours sur la mixité plutôt que sur l'égalité. Parler d'égalité (ou « pire » de féminisation), c'est désigner en creux l'inégalité tenace et la discrimination rampante... Parler de mixité, c'est partager une ambition d'équilibre, c'est participatif et pluriel. D'autant que le glissement sémantique vers la « mixité sociale » est porteur d'universalité ;

---

1 www.wearesista.com
2 Exemples de vidéos courtes et efficaces : #QueenRules Queen Rules – Social Experiment ; #BehindEveryGreatCity Do you know what gender inequality at work looks like ? ; La leçon de discrimination Jane Elliot www.youtube.com/watch?v=tHjSu5Nez7I ; #Conformisme : https://youtu.be/kiklt9OiH-Y

> parier sur le désir de modernité. Personne ne veut être dans le camp des dinosaures. D'ailleurs, lorsqu'on a demandé en 2015 au Premier ministre canadien Justin Trudeau pourquoi il avait nommé un gouvernement paritaire, sa réponse fut éloquente : « Pourquoi ? Parce qu'on est en 2015 ! » ;

> jouer la mixité comme moteur de la performance. Tant d'études variées le démontrent : *Women Matter* de McKinsey[3], les études BCG[4], PWC[5], KPMG[6] et l'étude interne globale 2018 Sodexo[7]. En décrétant et organisant la mixité dans l'entreprise, on met en œuvre les pratiques qui permettent de garantir un climat civilisé où chacun apprend à gérer les conflits qui se cristallisent inéluctablement lorsqu'il s'agit de s'assurer le contrôle des ressources rares, dont le pouvoir ou la visibilité font assurément partie ;

> oser les parallèles prosaïques, bien plus convaincants que les prêches. Les trois arguments en faveur de la mixité (1/la performance, 2/l'équité et les valeurs, 3/la responsabilité RSE) sont chacun à utiliser en fonction de la personne que l'on cherche à convaincre et du contexte. Cependant, sauf à toucher une corde intime, ces arguments n'ébranlent ni tout le monde ni durablement. Et parfois, il vaut mieux s'adresser à un industriel avec un discours plus terre à terre : « La mixité, c'est comme la Qualité, tout le monde la veut mais on ne l'obtient vraiment qu'avec du volontarisme, de la méthode et de l'esprit d'équipe. » Une autre approche efficace consiste à souligner l'absurdité des inégalités salariales : « Ça vous dérangerait si les Alsaciens étaient, sans le faire exprès, moins bien payés que les Lorrains dans votre agence Nord–Est ? » ;

---

3 www.mckinsey.com/featured-insights/gender-equality
4 www.bcg.com/fr-fr/capabilities/diversity-inclusion/gender-equality
5 www.pwc.com/gx/en/news-room/press-releases/2021/women-in-work-index-2021.html
6 https://info.kpmg.us/news-perspectives/people-culture/kpmg-womens-leadership-study.html
7 www.sodexo.com/inspired-thinking/research-and-reports/gender-balance-study-2018.html

> accuser réception des attentes grandissantes des talents convoités. L'argument de l'équilibre vie pro/vie perso va crescendo *(voir chapitre 7)*, accentué par la crise de la Covid-19, y compris aux plus hauts postes. S'agissant des talents féminins, cette préoccupation d'équilibre est souvent déterminante mais tue, lorsqu'il s'agit de candidater à un poste de pouvoir : si tel dirigeant s'est historiquement heurté à des refus répétés ou à une absence de candidates, c'est désormais à lui/elle de réussir à démontrer que ce poste à responsabilité n'est pas à pourvoir au détriment de sa vie personnelle. Alors on peut parier que des candidat.e.s n'hésiteront plus à postuler ni accepter... et que tout le corps social percevra que la donne a changé en la matière.

Quel chemin de la prise de conscience à la prise de décision ?

Vladimir Jankélévitch nous rappelle à l'ordre : « Le courage n'est pas un savoir, c'est une décision[8]. » Las, même quand s'éveille chez le ou la dirigeant.e la conscience, l'intérêt voire l'appétit pour le sujet mixité, les raisons de l'immobilisme restent nombreuses. Citons pêle-mêle : l'objection de la méritocratie (c'est pourtant de la « miroir-ocratie », comme le pointe le chapitre 5), le manque d'attrait à la perspective de ne pas être le meilleur du secteur (là où il y a déjà des pionniers), la crainte de se détacher de la meute (dans les secteurs qui n'ont pas encore progressé), la hantise de se découvrir coupable à trop creuser les sous-jacents du « problème », la prescience confuse qu'il va falloir beaucoup travailler pour des résultats incertains... Sans oublier bien sûr l'apathie consistant à attendre qu'on nous dise comment faire jusqu'à ce que le législateur nous y oblige.

---

8 www.franceculture.fr/emissions/les-chemins-de-la-philosophie/comment-devenir-vertueux-avec-jankelevitch-44-le-courage-nest-pas-un-savoir-mais-une-decision-0

Alors que se joue-t-il pour cette poignée de dirigeants qui s'exposent tout à coup et prennent la décision, avec leurs actionnaires, que plus aucune instance de gouvernance, de décision, de projet ne peut valablement se mettre au travail sans mixité, voire sans parité ? Le moteur le plus probant est qu'ils envisagent une portée plus puissante que le postulat de départ : traiter la mixité, c'est ouvrir le sujet particulier des pratiques sociales, bien au-delà de la « mixité comptable ». Or, savoir comment faire évoluer les comportements, c'est aussitôt faire acquérir par ses équipes le savoir-faire pour faire évoluer les usages ancrés sur tous les autres plans qui sclérosent l'entreprise : la défiance, la non-qualité, l'aversion aux risques, etc. Oui, répétons-le, œuvrer pour l'égalité entre les femmes et les hommes déverrouille la capacité d'innovation et débride tous les sujets entravant l'entreprise dans sa montée en compétences et en performance.

L'exemplarité est plus facile avec des outils simples

Peu importe que la décision d'un dirigeant de se confronter au défi de la mixité soit prise à l'instinct, par ambition ou par obligation, au final il ne tarde jamais à se frotter à son devoir de visibilité et d'exemplarité quotidienne. Le diable se niche dans les détails incarnés : poids des réflexes ancrés et des usages ambiants, choix du langage personnel à adopter afin d'incarner le changement sans artifice, attention au langage utilisé dans l'entreprise en particulier face aux blagues sexistes, courage managérial à recadrer les sorties de route du CoDir voire à se séparer des leaders toxiques, sanctions exemplaires à l'appui, réapprentissage de sa propre faillibilité notamment en révisant sa façon d'apprécier la compétence[9] de ses collaborateurs à l'hubris disproportionnée...

---

9 « Why do so many incompetent men become leaders ? », https://hbr.org/2013/08/why-do-so-many-incompetent-men et www.hbrfrance.fr/chroniques-experts/2019/08/27444-pourquoi-sommes-nous-diriges-par-tant-dhommes-incompetents/

Le dirigeant peut aussi s'appuyer sur des outils à la puissante simplicité. #JamaisSansElles est de ceux-là. Né au tournant d'un dîner de janvier 2016[10], cet engagement s'applique au quotidien sans autre préalable que le bon sens. Il n'a fallu ni commission d'enquête, ni congrès, ni débat nocturne à l'Assemblée nationale pour que ce groupe d'amis se promette : « Nous ne participerons plus à aucune manifestation publique ou événement médiatique où seraient débattus, commentés ou jugés des sujets d'intérêt commun, sociétaux, politiques, économiques, scientifiques ou stratégiques, et qui ne compteraient aucune femme parmi les intervenants. » Cette idée est limpide, son exécution est enfantine (quoique courageuse) et son succès ne tient finalement qu'à un seul pari : se tenir à cette décision. Vous voulez que les femmes aient leurs places ? Alors, refusez désormais de participer à tout événement qui leur refuse cette place. Et afin d'outiller les dirigeants et dirigeantes de bonne volonté, l'initiative est désormais un collectif aidant chaque entreprise signataire à bâtir sa propre charte[11].

Passer au collectif, c'est s'obliger ensemble

S'engager n'est que le début du voyage et tout se joue lorsque vient le moment de faire monter ses troupes dans le train. Nombreux sont les dirigeants qui s'étonnent des résistances passives ou assumées de leurs équipes. On peut en citer au moins quatre :

> la soudaine crainte de scier la branche sur laquelle on est confortablement assis. Dit autrement, on ne reconnaît un privilège tacite que lorsqu'on risque de le perdre ;

> la perception d'un jeu à somme nulle : si elle gagne, il perd ;

---

10 Ainsi est né #JamaisSansElles, par la simple fulgurance de Tatiana Salomon, de Guy Mamou-Mani et de quelques autres qui ont redonné une virginité au célèbre yakafokon, tout en le dotant d'un nouvel et inattendu appendice : l'efficacité – https://xavieralberti.org/2016/04/20/jamais-sans-elles-chiche/

11 www.jamaissanselles.fr

> la fameuse *gender-fatigue* ressentie lorsque les programmes mixité s'éternisent sans plus vraiment livrer de résultats ;

> l'agacement face au phénomène #MeToo parfois perçu comme un trivial combat de genre entre femmes et hommes.

Au-delà, patronnes et patrons engagés de longue date font tous peu ou prou le même constat : dégainer un *business case* n'a jamais convaincu un incrédule non plus. Face à cette inertie, mieux vaut :

> déculpabiliser le sujet : en consacrant son énergie à chercher les résultats plutôt que les coupables. L'absence d'équilibre, c'est comme la pollution : c'est diffus et ça perturbe le climat en entreprise. Celle-ci n'est certes pas responsable d'un problème sociétal, mais elle se doit d'y apporter une solution ;

> élargir le bénéfice : en s'ingéniant à trouver des actions qui produiront de la mixité au bénéfice de tous, par exemple en décalant le focus de la parentalité vers l'équilibre de vie (attendu aussi des non-parents ou des seniors).

De fait, le besoin d'outils simples donnant le tempo se fait rapidement sentir. Par exemple, lorsqu'un dirigeant exige une *shortlist* femmes-hommes lors de chaque nomination, il fait coup double en montrant qu'il ne lâche rien de son engagement et il aide/force ses managers à se constituer petit à petit un vivier crédible de femmes à proposer.

Au fond, le défi de la mixité confronte tout collectif au défi de « s'obliger ensemble » à accomplir l'exploit humble et magnifique de n'avoir plus d'écart entre intentions, promesses, actions et résultats. On l'observe aussi entre pairs, lorsqu'on lit les tribunes collectives de patrons et patronnes qui s'engagent collectivement sur des objectifs[12]. Ou celles qui demandent à leurs pairs de garder

---

12 www.lejdd.fr/Economie/exclusif-41-responsables-de-grandes-entreprises-sengagent-pour-la-parite-avec-des-objectifs-chiffres-4029809

comme eux une priorité de mixité malgré les urgences de la crise de la Covid–19[13].

██████████ Quand l'impact public clive encore...

Les patronnes le disent : s'afficher sur le terrain de la parité (pour celles qui osent) ou de la mixité, c'est faire fi des recommandations d'image de leurs prudents conseillers. Les patrons le savent : passer outre les mêmes recommandations, c'est prendre la lumière des projecteurs et être starifié par les médias (à défaut de l'être par leurs pairs, car on ne devient pas le héros de son club en ébranlant les fondements de celui-ci...). Oser se déclarer féministe, affirmer que c'est un humanisme voire un pragmatisme, reste un acte identitaire dans le patronat. Notons toutefois avec optimisme qu'un faisceau de facteurs laisse entrevoir une propagation d'un tel engagement. À l'instar du monde de la mode qui s'est emparé des slogans féministes et de celui de la justice où l'on entend désormais le terme « féminicide », de nombreux patrons (d'entreprises de moins en moins petites) sortent de l'ombre avec leurs valeurs en bandoulière. La tendance est à la « raison d'être » et les *think tanks* de dirigeants humanistes retrouvent de l'audience (Entreprise & Progrès, Entreprises à mission, même Davos en janvier 2020 titrait sur le « *stakeholder capitalism*[14] »). Pour autant, la crise de la Covid–19 nous montre que rien n'est gagné. En effet, l'élan solidaire des dirigeants s'est bien davantage tourné vers les sujets d'exclusion (sociale, sanitaire, alimentaire, etc.) que vers le déséquilibre croissant entre les femmes et les hommes au travail.

---

13 www.lejdd.fr/Societe/Emploi/egalite-femme-homme-lappel-de-neuf-responsables-de-grandes-entreprises-3987061

14 https://fr.weforum.org/agenda/2019/12/quel-type-de-capitalisme-souhaitons-nous-vraiment/

▆▆▆▆ … l'impact intime bouscule

Les dirigeants qui s'exposent sur la durée en font l'expérience : prendre le chemin de la mixité, c'est accepter de se transformer soi-même. Certains parlent même de « recadrage violent » quand ils sont mis au pied du mur à l'occasion d'une accélération de carrière de leur conjointe qui les laisse en charge de l'activité familiale, jusqu'alors invisible et sous-estimée. C'est d'ailleurs l'un des rares avantages des confinements dus à la Covid-19 : même à défaut d'en avoir assumé sa part, désormais plus aucun père n'ignore ce qu'est la charge domestique.

En tout cas, pour celles et ceux qui ont pris dès le départ la mesure de leur décision de ne rien lâcher et d'être cohérents, le défi de la mixité devient un défi de vie, qui engage au quotidien et dont ils sortent grandis. C'est probablement le plus grand enjeu de ce passage du « C'est pas de ma faute » à « Je fais ma part ». À commencer par les chefs de file, il va permettre à chacun de prendre en main sa part de responsabilité[15], de dignité, d'efficacité afin de faire avancer notre modèle sociétal vers plus de liberté, d'égalité et de fraternité. La modernisation de notre société passera forcément par ce mouvement horizontal consistant à passer de la critique à l'action, de la plainte à l'initiative, et peut-être, par cette conscience retrouvée, de l'individu au citoyen. Les dirigeant.e.s ont un rôle essentiel à jouer dans cette démarche de progrès.

▆▆▆▆ Faire… mais aussi empêcher que quiconque puisse défaire

Si la mise en place d'une mixité réelle dans l'entreprise nécessite la volonté affichée de son dirigeant de mener des politiques ciblées, la pérennité ne saurait se contenter d'actions ou de décisions

---

15 www.lexpress.fr/actualite/societe/peut-on-etre-un-homme-feministe_1761423.html

personnelles. Pour qu'une pratique vertueuse s'ancre durablement en interne, il faut qu'elle soit accompagnée, encadrée, mesurée et comprise par chacun de ses membres.

C'est ainsi que, pour être certain de passer le relais des engagements pris par l'entreprise, souvent au gré d'un projet spécifique porté par son dirigeant, il faut planter le relais dans la terre pour en faire un pilier. Telle est probablement la plus grande responsabilité des dirigeants : non seulement de faire mais aussi d'empêcher que quiconque puisse défaire. Pour cela, il faut ancrer les règles qui forment la colonne vertébrale de l'entreprise et qui constituent une partie de sa valeur (même non immobilisée dans ses comptes). Cela doit aller de ses processus décisionnels et ses modes de gouvernance jusqu'à son statut juridique en passant par sa politique de communication interne et externe.

Ainsi, se pencher sérieusement sur la question de la mixité, c'est engager le chantier de la redéfinition des « *leadership skills* » souhaités pour une organisation inclusive[16] : engagement visible, humilité, compréhension des biais, curiosité, intelligence culturelle et esprit collaboratif pourraient en constituer une définition. Celle-ci ou une autre, cette redéfinition moderne des comportements quotidiens est une manière efficace d'inscrire la mixité durablement dans son organisation.

Dès lors, il ne suffit pas que les engagements soient portés au plus haut niveau de l'entreprise. Ils doivent aussi être diffusés partout et tout le temps, non comme un but à atteindre, mais comme des valeurs à respecter dans les stratégies définies. À ce titre, la mixité ne peut se contenter d'un projet qui ne durerait que le temps d'un règne. Pour advenir, la mixité doit s'inscrire dans les valeurs, les règles et les organisations de l'entreprise jusqu'à s'y confondre. Prenons

____

16 https://hbr.org/2020/03/the-key-to-inclusive-leadership

l'exemple de la gouvernance partagée apparaissant aujourd'hui comme séduisante, mais encore assez floue. Il y a fort à parier qu'elle trouvera une résonance très concrète au fur et à mesure que les dirigeants et les actionnaires s'en empareront pour fonder des modes d'organisation plus vertueux et plus efficaces. À l'heure de l'hybridation[17], la mise à jour de nouveaux modes décisionnels ancrera durablement la mixité dans l'entreprise et dans la société pour ce qu'elle est. À savoir la meilleure façon de regarder, de penser et de décider. C'est là une formidable opportunité d'innovation sociale et managériale qui s'offre aux dirigeants. Elle peut leur permettre de donner à leur mandat une dimension qui, si elle échappe à la rigueur d'un tableau Excel, porte en elle la force de la trace qu'ils veulent laisser et qui est toujours, inéluctablement, humaine.

Conclusion

C'est ainsi, en tissant actions et communications dans les chapitres qui suivent, que les processus deviennent des preuves et que les progrès deviennent des acquis sur lesquels on a des chances de ne jamais revenir.

CE QU'EN PENSENT LES DIRIGEANT.E.S

Jean-Laurent Bonnafé, BNP Paribas

« La règle pour l'entreprise doit reposer sur la chose la plus simple qui soit : si un poste se libère, il faut toujours une femme dans la shortlist. Or, ces situations ne sont pas forcément organisées et il est courant de découvrir que l'adjoint ressemble au chef, malgré les plans de succession... Ce que j'appelle "l'esprit du jeu" est bien plus puissant que de simples indicateurs, car même si cette règle ne produit pas une promotion à coup sûr, elle permet aux dirigeants

17 Si bien décrite par Gabrielle Halpern dans son ouvrage *Tous Centaures*, Le Pommier, 2020.

et aux entreprises de constituer petit à petit un vivier crédible de femmes préparées. »

Delphine Ernotte Cunci, France Télévisions

« C'est à moi de pilonner pour les objectifs les plus difficiles à équilibrer : la parité à l'antenne. Par contre, pour les nominations, je pratique la validation à deux niveaux, ce qui est indispensable pour rassurer le sentiment d'équité toujours fragile : il faut l'accord du N+1 et du N+2 pour toute nomination. »

Céline Lazorthes, Sista

« Il n'a pas encore été prouvé que diriger était génétique. Ce qui est par exemple très intéressant c'est pourquoi les boîtes qui ont à peu près tout appliqué ont si peu de femmes dans leur ComEx. Et moi ma conviction c'est que tant que la mixité ne sera pas une obsession du dirigeant ou de la dirigeante, on passera à côté. C'est plus facile de ne pas faire mixte, mais les résultats sont moins bons, donc je pense que tant que ce ne sera pas une question de vie ou de mort les choses n'évolueront pas. »

Denis Machuel, Sodexo

« J'étais aveugle. Je faisais partie des gens qui disent : "Je ne vois pas quel est le problème. Je traite les femmes comme les hommes." Je ne voyais pas le côté systémique. J'ai beaucoup évolué là-dessus. Je n'aurais jamais parlé de ce sujet il y a cinq ans comme j'en parle aujourd'hui, même s'il me reste encore plein de choses à comprendre. »

Bernard Michel, Viparis

« Le dirigeant ne peut pas régler la question tout seul : il peut prendre des décisions, fixer des objectifs, mais au-delà il faut des règles du jeu qui mobilisent toute l'entreprise. J'ai vite compris qu'en tant que président, il faudrait aller jusqu'au bout de la démarche, dans le détail : dès lors comment me faire aider ? Il a fallu insister lourdement... En trois ans, j'ai fait régler la question de l'égalité salariale. Deux ans plus tard, le conseil était à parité. Ensuite, c'est grâce à un réseau de mixité que l'entreprise a progressé. Le Trophée de la féminisation des instances dirigeantes du SBF120 a été un vrai déterminant pour conforter cette politique : tout le monde aime être leader et le rester ! D'autres dirigeants m'ont consulté, la fierté d'entreprise nous a encouragés à progresser encore. »

Stéphane Pallez, FDJ

« Le sentiment général est que ça va mieux : les femmes sont très qualifiées, les jeunes générations sont plus égalitaires et plus personne ne s'exprime contre la mixité. Donc tout le monde pense que cela va progresser naturellement. En fait, cela ne progresse pas ou très lentement si on n'agit pas. Il faut continuer à y investir de l'énergie managériale. Mais la condition de l'adhésion, c'est d'en faire un objectif dans le temps. »

Chapitre 10

PARLER AUTREMENT DE LA **MIXITÉ** AUX COMMUNICANT.E.S

Raphaël Haddad et Marie-Christine Mahéas

Que suggérer aux communicants à l'intérieur et à l'extérieur des organisations pour que leurs mots ou supports visuels parlent à toutes et tous, fassent que chacun et chacune se sente concerné, motivé et engagé par le sujet ? Et ce en tenant compte du fait que la langue fait partie de notre identité et constitue une pratique quotidienne.

Plaidoyer pour une communication non sexiste

Tout communicant ou communicante est fatalement pris entre différentes injonctions qui peuvent vite devenir contradictoires. Par exemple, il/elle doit se faire le véhicule honnête et rigoureux d'informations dignes d'être écrites ou montrées... mais aussi s'efforcer d'atteindre un public aussi large que possible grâce à une communication simple et agréable. Dans le même ordre d'idées, il n'est pas toujours facile pour un ou une Dircom de trouver dans l'urgence une personne habilitée à s'exprimer sur un sujet... tout en prenant soin d'avoir bien coché toutes les cases liées à la mixité et à la diversité.

Et s'il/elle doit en outre s'assurer de l'usage d'un vocabulaire et d'une grammaire adaptés, gare à la migraine ! Et pourtant... Même si ces précautions compliquent en effet l'exercice de communication, elles n'en restent pas moins primordiales.

La direction de la communication étant dépositaire des représentations collectives et du discours d'entreprise, un message perçu comme sexiste aura de multiples impacts négatifs. Prenons, par exemple, l'usage quasi exclusif du masculin en interne (<< Bonjour à tous >>) ou en externe (<< Nous appliquons une stratégie de bon père de famille >>). Même si elles comprennent bien sûr les usages grammaticaux de la langue française, les salariées auront plus de difficultés à s'identifier à cette histoire de stratégie de bon père de famille. Et elles risquent également de se sentir moins concernées – donc moins engagées – par ce << Bonjour à tous >> lancé en début de réunion ou en début de journal télévisé. De la même manière, l'usage largement majoritaire de rôles modèles masculins dans l'iconographie peut avoir un véritable impact négatif sur la motivation des femmes. Il en va de même lorsqu'un référentiel essentiellement viril ou guerrier est utilisé pour nommer les événements d'entreprise, les salles de réunion.

Le plus souvent inconscient, ce sexisme ordinaire peut également créer des *bad buzz* à l'occasion d'une campagne de publicité intégrant des stéréotypes. Le << *reputation lab* >> a ainsi recensé en 2018 qu'un quart des *bad buzz* étaient liés à des problématiques de communication sexiste. Tant auprès des femmes que des hommes, ils impactent directement la marque employeur, l'attractivité de l'organisation, la perception même de ses produits et/ou services, etc. Et en interne, attention aussi à l'usage exclusif de référentiels dits << virils >> ou masculins dans les couleurs, les thèmes d'événements de << team-building >>, les noms de salles de réunion... On remarque notamment que le registre de la conquête (<< Tous ensemble, partons à l'assaut de notre concurrent Machpro >>) inscrit l'organisation dans un imaginaire guerrier qui n'aide pas beaucoup les femmes à s'identifier et à se motiver. *A contrario,* l'excès de zèle peut avoir des impacts négatifs auprès des hommes qui peuvent finir par se sentir exclus des projets d'avenir de leur entreprise. Ainsi, parler des « vertus de la féminisation des équipes dirigeantes » plutôt que des « vertus de la mixité des équipes dirigeantes » induit l'idée inadéquate de supériorité féminine. Alors qu'il s'agit en réalité de souligner la performance accrue des équipes mixtes. Plus généralement, l'usage d'images à connotation masculine (ou féminine) pour la représentation d'un métier majoritairement occupé par des hommes (ou des femmes) renforce l'idée qu'il serait inadapté qu'une femme (ou un homme) fasse ce métier.

Que dire enfin de l'usage aberrant de l'expression « une femme » lorsqu'il est question de signaler une nomination ou promotion : « Une femme nommée à la tête du groupe Durand », « C'est l'élément féminin du ComEx »... Faisant cela, on appuie sur la nouveauté liée au fait qu'une femme soit présente à ce niveau, ce qui rappelle de manière réductrice au lecteur que ce n'est pas le type de place qu'on est habitué à les voir occuper. Cette pratique est d'autant plus difficile à justifier qu'il ne viendrait à personne l'idée de le faire s'agissant d'un homme, pour lequel on se contente de décrire les compétences. Citons donc les femmes et les hommes dans le même registre, celui de la compétence, et laissons de côté la nouveauté de l'événement qui, on l'espère, sera une notion obsolète un jour. De manière générale, il est important de rappeler qu'une communication n'accordant que peu de place aux femmes a un impact déterminant sur les jeunes générations et leur construction du monde. Si nous voulons éviter de voir nos tout-petits tomber dans le piège de la hiérarchie de valeur féminin *versus* masculin, apportons une immense attention aux messages que nous passons !

Au-delà du fond des messages demeure le problème du déséquilibre criant entre experts féminins et masculins à qui la parole est donnée.

Cela crée un déséquilibre dans la représentation des rôles inspirants et rend donc plus improbable pour certaines femmes la possibilité de s'identifier à la personne qui prend la parole (« carence identificatoire »). De ce fait, le sentiment de légitimité de certaines femmes à s'exprimer s'en trouve diminué. On notera de vrais efforts effectués[18] concernant les panels lors de conférences, émissions radio ou TV, séminaires, équipes de direction. Mais la route est encore longue pour présenter ou atteindre une représentation plus équilibrée. Quand elles sont témoins d'une telle prise de parole ou de responsabilité totalement masculine, nombre de femmes (et d'hommes !) ressentent une impression d'anormalité, de bizarrerie, de décalage de valeurs, d'archaïsme, voire de je-m'en-foutisme... En résumé, le contraire d'une communication efficace synonyme d'attractivité, d'intérêt, d'enthousiasme, d'ouverture sur le monde !

En résumé, si la forme de communication est un sujet si sensible, c'est parce que les mots et la langue ne sont pas que des vecteurs de communication, ils sont le reflet d'une culture à un instant donné. Le côté aujourd'hui horripilant du sujet vient précisément du fait que c'est un détail pour beaucoup, alors qu'il y a selon la formule consacrée « des problèmes bien plus graves... ». Alors qu'au contraire, les mots sont le ciment d'une culture dont les normes non dites passent par la forme des communications. Un exemple criant est le décalage de connaissance entre le mot « misogyne », que tout le monde connaît, et le mot « misandre », dont l'immense majorité des gens ignore le sens. Et quand un mot est inconnu, c'est qu'il n'a été ni lu ni entendu. Donc il n'a pas été dit ou écrit, ce qui signifie pour les sociolinguistes qu'il n'a pas été pensé. Nous vivons donc encore dans une société totalement capable d'imaginer et d'accepter qu'un homme puisse ne pas aimer les femmes, mais pas l'inverse. Il en va de même avec le mot « nymphomane » qui qualifie d'une libido excessive et pathologique

---

18 On pense notamment à #JamaisSansElles.

des femmes alors que le mot équivalent n'existe pas pour les hommes, car la société considère que cette libido excessive est une norme pour les hommes (*idem* pour le mot « hystérie », etc.).

Les méfaits d'une communication sexiste ayant été évoqués, rappelons également les bénéfices d'une communication non sexiste. Sur le plan individuel d'abord, nous avons là un formidable levier de déconstruction du sexisme ordinaire en ce sens qu'il réinterroge tous les mécanismes qui font la relégation des femmes par rapport aux hommes au sein d'une organisation. C'est notamment le cas des résistances à la féminisation des métiers qui croissent à mesure que l'on progresse vers le sommet. Concrètement, il n'y a souvent pas de problème pour dire « infirmière », mais bien davantage pour dire « chirurgienne ». Au niveau collectif ensuite, les observations empiriques montrent qu'une communication non sexiste constitue un levier de rajeunissement des audiences. En effet, après le réchauffement climatique, l'égalité femmes-hommes est la seconde préoccupation des moins de 25 ans. Ce phénomène semble particulièrement prononcé dans la communication employeur, et notamment au sein de filières traditionnellement réservées aux hommes.

Des efforts énormes… altérés par le sexisme quotidien

Lorsque la direction d'une entreprise ou d'un média s'engage activement sur le sujet, elle peut en théorie mettre en place des garde-fous empêchant ce type d'erreurs. Reste que, même dans des organisations en alerte, le risque d'une communication stéréotypée ou sexiste n'est jamais très loin… Trois raisons majeures expliquent ce phénomène. Tout d'abord, les communicantes et communicants sont souvent insuffisamment sensibilisés à la communication sans stéréotype. Ajoutons à cela que cette thématique est en bouillonnement permanent, évoluant au gré de nouveaux faits, de nouvelles études, de nouvelles avancées sociétales, de nouvelles lois, etc. Difficile de rester à la page dans ces conditions ! Enfin, la crispation aux avancées égalitaires peut décourager des velléités novatrices en termes de communication.

Il est pourtant possible de focaliser son attention sur quelques aspects permettant de réellement modifier la communication d'une organisation et son empreinte auprès de ses différents publics.

Alors, comment faire ?

Rappelons tout d'abord que des référentiels de qualité ont été produits sur ce sujet. On peut notamment citer le travail pionnier du Haut Conseil à l'égalité et son *Guide pratique pour une communication publique sans stéréotype de sexe* (accessible en ligne). Réactualisé en 2021 afin de tenir compte des avancées majeures réalisées ces dernières années, il présente 10 recommandations. Autre outil intéressant, le *Kit pour une communication non sexiste*, réalisé par le réseau Toutes femmes, Toutes communicantes.

L'ensemble des préconisations se résume en trois grands aspects que nous allons détailler.

1 Veiller aux rôles et aux représentations

Les stéréotypes passent d'abord par des assignations symboliques à certains métiers ainsi qu'à certaines positions sociales ou physiques. Les exemples ne manquent pas, hélas : femmes reléguées à l'arrière-plan d'une photo, femmes quasi absentes du plateau d'un événement, femmes assignées aux métiers du « care » ou à la sphère domestique dans une communication, femmes figurées comme émotionnelles dans un post LinkedIn, etc. Et ne parlons même pas des publicités réduisant la gent féminine à un attribut physique (bouche pulpeuse, jambes interminables, regard mutin...).

Pour autant, il ne s'agit pas ici de mettre à l'index qui que ce soit. Comme cela a été rappelé, aucune entreprise, pas même la plus avertie, n'est, une bonne fois pour toutes, à l'abri de tels stéréotypes. D'ailleurs, ils ne peuvent se combattre qu'en faisant l'objet d'une déconstruction permanente. « Que dit cette com' ? » Expérimenté.e ou néophyte, se poser cette question simple reste le meilleur crash test pour s'assurer de la bonne réception de ses efforts en la matière. À l'instar d'une minutieuse relecture orthographique et grammaticale dans un e-mail, il est essentiel d'avoir un regard critique pour chaque support conçu, produit ou validé.

LES PANELS D'EXPERT.E.S

Pour équilibrer la représentation des femmes et des hommes dans les conférences ou dans les panels d'experts dans les médias, il existe maintenant des bases de données d'expertes classées par thème, qui permettent d'avoir accès instantanément à des centaines de femmes prêtes à intervenir (Exemples : Les Expertes, VoxFemina, 2GAP).

2 Adopter un langage égalitaire raisonné

Nous avons parlé des représentations. L'autre grand continent de la communication non sexiste, c'est l'éditorial. Une écriture dite « inclusive » ou « égalitaire » se traduit par un « ensemble d'attentions lexicales », syntaxiques et graphiques permettant d'assurer une égalité des représentations entre les femmes et les hommes. Deux mots importent dans cette définition.

Le premier est « ensemble ». L'écriture égalitaire ne se résume pas au fameux point milieu[19]. Il est même parfaitement possible de mobiliser cette écriture sans jamais y recourir, le point final étant par

---

19 Lire la position de l'ensemble des coauteurs sur ce sujet dans l'avertissement aux lecteurs au début de cet ouvrage.

exemple tout à fait acceptable (comme en témoignent nombre des chapitres de cet ouvrage) !

Le second terme essentiel est « attentions ». L'écriture égalitaire n'est pas une sécession grammaticale. Dit autrement : ce n'est pas la langue française qui est intrinsèquement sexiste, mais les usages que nous en faisons parfois. Il est donc tout à fait possible de réinjecter du féminin dans nos textes sans rien modifier à notre grammaire. C'est ce qui fait que le langage égalitaire est soutenable pour une institution.

Concrètement, cette approche se décompose en trois conventions :

> **Féminiser les noms de métiers, fonctions, titres, grades.**

   – Les féminins des noms de métiers existent massivement depuis le Moyen Âge. Et l'une des grandes avancées de ces dernières années est que plus personne ne s'oppose sérieusement à cette « re-féminisation ». Pas même l'Académie française, qui la reconnaît depuis février 2019. Dans le monde professionnel, on parlera donc aussi bien d'une directrice que d'une chirurgienne, d'une colonelle, d'une préfète, d'une cheffe de projet… Et bien sûr d'une présidente !

   – Vous bloquez sur le féminin d'un nom de métier en particulier ? Sur Internet, vous trouverez pléthore de manuels capables de vous renseigner sur la quasi-totalité des professions.

> **Utiliser le féminin et le masculin que ce soit par l'ordre alphabétique, le recours aux termes épicènes et reformulations englobantes, ou l'utilisation « raisonnée » du point milieu ou d'un équivalent.**

Focalisons-nous sur cette notion de « raisonnabilité » dans le cas de l'utilisation du point milieu. Il n'est en fait rien d'autre qu'une abréviation. Exactement comme Mme se dit « Madame » et M. se prononce « Monsieur », le mot « étudiant.e.s » s'énonce

« étudiantes et étudiants ». Rien de sorcier, à condition de limiter l'usage aux mots dont les formes masculines et féminines sont très proches. Ainsi « étudiant.e.s », « professionnel.le.s » ou « chef.fe.s » fonctionnent très bien. Mais, de grâce, abandonnons les « agriculteur.rice.s » et autres « manageur.euse.s » ! Sur ces emplois, les retours d'usage sont catastrophiques ! La langue étant avant tout un ciment social, concentrons-nous donc sur ce qui fédère.

> **Éviter les expressions sexistes ou réductrices.**

– « Mondamoiseau » n'ayant jamais eu sa place dans les formulaires, pourquoi devrait-on continuer à y utiliser le terme « Mademoiselle » ?

– Par ailleurs, il serait grand temps de comprendre qu'on parle le 8 mars de la « Journée internationale des droits des femmes » et non de la « Journée de la Femme ».

– Avec ou sans majuscule, évitons aussi de désigner l'ensemble du genre humain par le mot « Homme ». Il suffit de se renseigner et on découvre qu'aucune autre langue ou presque n'utilise le mot « homme » pour parler du genre humain.

– Dans la même veine, on ne justifie pas les clichés sexistes par le second degré ou l'humour. Or, cette ficelle a toujours ses adeptes au sein de certains supports désireux de créer une connivence facile avec leurs publics.

3 Accorder une égale considération à ses relations

« Je vous présente Carole, DRH, et monsieur Bastien Minard, notre directeur technique. » Bien qu'incongru quand on y réfléchit plus d'un quart de seconde, ce type de formulation n'est pas si rare. Le pire étant qu'il a toutes les chances d'échapper à quiconque ne s'astreint pas à une discipline d'airain. Prenons donc l'habitude simple de présenter tout le monde par le triptyque *prénom + nom*

+ fonction. Vous verrez combien cela légitime chacun.e dans son rôle et signale votre égale considération.

Enfin, il est primordial de veiller à l'égalité du temps de parole entre femmes et hommes dans les réunions...

■ Conclusion

Pour conclure ce chapitre, évoquons les deux archétypes les plus irritants du sexisme ordinaire dans le langage : la *mecsplication (Mansplaining)* consistant à reformuler ce qu'une femme de son équipe vient de dire, et la *mecoupure (Mansrupting)* revenant à interrompre plus facilement une femme qu'un homme. Quelle aubaine, ce sont aussi les plus faciles à combattre. À vous d'agir !

CE QU'EN PENSENT LES DIRIGEANT.E.S

Jean-Laurent Bonnafé, BNP Paribas

« À mérite égal, à capacité égale, tout le monde ne parle pas la même langue ; il faut parler sa propre langue, ne pas faire semblant d'emprunter un langage qui n'est pas le sien, tout en s'efforçant d'être polyglotte. Si nous avions tous cette capacité à ne pas juger sur le langage, ce serait formidable. J'apprends à mes enfants à être attentifs, par exemple, aux titres de fonction que les femmes se choisissent. »

Delphine Ernotte Cunci, France Télévisions

« Dans mon secteur, le langage à l'antenne mérite une vigilance absolue : nous ne parlons plus de ''crimes passionnels'', mais de ''féminicides''. De même, j'ai lancé une analyse sémiologique pour corriger le parler surplombant qui est encore trop fréquent à l'antenne. Par contre, à titre personnel, je ne sais pas quoi penser des règles d'écriture inclusive : autant c'est pour moi l'évidence pour les titres de fonction, autant il me paraît difficile de renverser certains usages sans consensus (tel "le masculin l'emporte", qui pourtant est le sujet à renverser). »

Denis Machuel, Sodexo

« Il y a eu des évolutions : on est dans une logique d'action, non plus dans la justification ; on est passés d'un langage de diversité à un langage d'inclusion ; et maintenant de l'inclusion à "inclusion et équité". Le fait que l'on a travaillé sur les dimensions de la diversité au-delà du genre a nourri toute cette dialectique : comment suis-je inclusif par ma façon d'être, par les mots ? On vient même de sortir un guide de conversation. Comment parler avec son équipe et oser en parler parce que les managers disent : "Je ne sais pas comment aborder le sujet, j'ai peur de dire une bêtise." Nous avons beaucoup travaillé sur la capacité à dire : "Je ne sais pas" ; "Je sais que je ne comprendrai jamais ce que peut vivre une femme parce que je suis un homme, mais je peux essayer de faire un chemin pour comprendre." Ce chemin d'humilité fait avancer ! C'est le management 2.0 : "Je n'ai pas toutes les réponses. Je veux écouter les autres en disant : 'Je ne sais pas' et je vais grandir." »

Emmanuelle Quilès, Janssen

« À mon arrivée il y a six ans, je ne portais pas le sujet. J'ai le souvenir d'entrer dans une salle, six hommes débattaient de stratégie, j'ai demandé : "Il n'y a rien qui vous gêne ?" Je fais des remarques on the spot. Ces biais inconscients, il faut en parler immédiatement. Nous sommes en réunion, une femme se lève pour fermer la fenêtre alors je dis : "Pourquoi ce n'est pas Alain qui se lève plutôt que Catherine ?" Ce sont de petits trucs qui m'agacent, la femme se retrouve dans une situation où l'on prend le parti qu'elle saura mieux préparer le café. Et quand on m'entend faire des réflexions, les gens comprennent que ce n'est pas un truc sur lequel on peut s'asseoir. Je dis : "Chères toutes et chers tous'', pour faire comprendre qu'il n'y a pas que des "tous". Si une femme se nomme "directeur", je lui dis : "Bonjour, vous ne seriez pas directrice par hasard ?" »

Emmanuelle Quilès, Janssen

« Je travaille à la féminisation à tous les niveaux. Je le fais en communiquant de façon visible, pas dans des topos d'entreprise, mais à travers les réseaux sociaux et à travers d'autres personnes. Côté recrutement, il y a obligation d'avoir 50 % de chaque genre sur les postes ouverts et sur les panels de recruteurs. »

Stéphane Pallez, FDJ

« Même si je suis parfois agacée par le sentiment de devoir porter ce sujet plus que d'autres, j'ai pris conscience que j'incarnais quelque chose de significatif, et donc que j'avais une responsabilité. J'ai un prénom que beaucoup croient être un prénom de garçon. Un jour, j'ai croisé une autre femme qui s'appelle aussi Stéphane. Elle me dit : "Si tu veux faire quelque chose pour les femmes, il faut que tu féminises ton titre, parce qu'il n'y a pas beaucoup de femmes PDG et ça ne se voit pas, c'est dommage." Je suis devenue "présidente directrice générale". C'est une manière de dire : "Oui, il y a des femmes PDG et c'est normal." »

Chapitre 11

PARLER AUTREMENT DE LA MIXITÉ AUX ÉTUDIANTS

VIVIANE DE BEAUFORT ET PASCAL TISSERANT

Comment convaincre les universités et les grandes écoles des enjeux de demain et comment dépoussiérer l'image de la mixité dans l'environnement estudiantin, parfois dans l'illusion que ce sujet n'en est plus un ?

Les problématiques

Les entreprises sont désormais sous injonction forte en matière de politique d'égalité femmes–hommes. Reste que si la mixité n'est pas abordée en amont, l'équation restera difficile à résoudre dans l'environnement professionnel. Or, même si l'intérêt pour ces questions connaît enfin une subite accélération dans l'enseignement supérieur, le sujet a longtemps été cantonné aux sciences humaines et sociales. Jusque très récemment, les quelques chercheurs engagés réalisant des études sur la mixité étaient plus souvent conspués qu'écoutés...

Un des principaux changements en cours concerne la mixité des personnels dans les établissements touchés par la loi de transformation de la fonction publique de 2019. Charge à ces écoles et universités de réaliser un plan d'action égalité professionnelle, sous peine de devoir payer des pénalités s'élevant jusqu'à 1 % de la rémunération brute annuelle globale de l'ensemble des personnels. Ce rapport doit comporter un bilan et un plan d'actions relatif à la gouvernance de l'établissement et aux :

> écarts de salaires ;

> inégalités de carrières ;

> temps de vie personnelle/professionnelle ;

> violences sexuelles et sexistes, harcèlements et discriminations.

À ce jour, la grande majorité des établissements d'enseignement supérieur (publics comme privés) reste dirigée par des hommes. On constate néanmoins nombre de récentes nominations de directrices d'établissement. Par ailleurs, de plus en plus de femmes rejoignent les CoDir ou ComEx en se voyant confier des responsabilités cruciales. La future loi pour une « égalité économique et professionnelle » (dite loi Rixain) en son article 5 est, à cet égard, prometteuse, puisqu'elle impose aux grandes écoles un reporting sur la mixité (mixité des filières, politique RH pour les collaborateurs, lutte contre les violences sexistes et sexuelles [VSS]). Et il en va de même pour les jurys de sélection des écoles, encore très masculins.

En attendant, quelle que soit la filière, il s'agit de préparer des jeunes professionnels à la mixité des métiers ainsi qu'à la prévention du sexisme et autres formes de discriminations. Appelés pour certains d'entre eux à devenir un jour des managers responsables, nombre d'étudiants démontrent désormais une sensibilité accrue à ces thèmes. La question à laquelle nous souhaitons donc répondre ici est comment s'organiser, accompagner et parler aux étudiants au travers de :

> la mixité des filières ;

> la formation au management responsable, intégrant la dimension de la lutte contre les comportements à risques pendant les études. Ces risques sont d'autant plus importants que les jeunes font parfois un usage peu raisonné des réseaux sociaux.

L'enjeu de la mixité des filières

Les stéréotypes de genre associés aux métiers et aux fonctions influencent à la fois les choix de carrière des étudiants et les biais de recrutements des employeurs. À vrai dire, la question de l'orientation scolaire doit d'abord interpeller très en amont le rôle de l'école et des parents, puisque les filles continuent d'opter en majorité pour des filières à connotation féminine... Étant ainsi empêchées par le contexte à sortir des stéréotypes dans lesquels la société les enferme, leur éventail des possibles reste limité, ce qui laisse perdurer les inégalités de carrière et par extension de rémunération.

Si tout se joue dès la prime enfance, la mission d'aiguilleur de l'enseignement supérieur peut alors paraître modeste. Cependant, une politique active consacrée à la mixité (en partenariat avec associations et entreprises) permet aux établissements de jouer un rôle plus important. Parler efficacement de mixité des filières aux étudiants requiert de former les enseignants aux enjeux de l'égalité femmes-hommes. Par exemple, la création d'un service Carrières, chargé de faire se rencontrer étudiants et professionnels, peut faire une vraie différence.

Comment réorienter ?

Le monde a changé et les connexions entre l'entreprise et les filières de formation sont désormais établies. Les statistiques permettent d'identifier ces fameuses filières genrées que les jeunes femmes ne choisissent pas comme étant les plus porteuses en termes de carrières, d'intérêt et de rémunération. C'est d'ailleurs d'autant plus navrant que celles qui osent se diriger vers une filière dite « masculine » y obtiennent souvent d'excellents classements. Le déficit dans les STEM et écoles d'ingénieurs suffit à comprendre le sujet[20].

---

20 www.economie.gouv.fr/rapport-femmes-au-coeur-economie-chiara-corraza

Voici quelques pistes pour améliorer la situation.

<table>
<tr><td>

Élaborer une cartographie genrée des filières, produire une analyse annuelle et travailler avec les équipes pédagogiques dont les formations sont insuffisamment mixtes.

</td></tr>
<tr><td>

Améliorer l'attractivité des filières insuffisamment mixtes en agissant sur :

- les stéréotypes de genre *via* une communication adaptée : flyers, sites Web, discours tenus sur l'établissement, événements reflétant plus de mixité avec une participation active des filles dans des rôles non genrés ;

- la quête de sens – particulièrement forte chez les filles – par l'éducation. L'une des clés consiste à faire écho à leurs aspirations (exemple : humaniser l'image de certaines filières en mettant en avant la dimension du lien aux autres).

</td></tr>
<tr><td>

Former les personnels, en particulier les enseignants, à leur rôle d'aiguilleur dans les choix de carrière des étudiants. Cela passe notamment par des rencontres individuelles au moment des choix de spécialités. L'objectif est bien sûr d'ouvrir de nouvelles perspectives aux étudiantes *via* un questionnement bienveillant mais précis des choix effectués, la présentation de l'ensemble des possibles, la suggestion d'une réflexion, etc.

</td></tr>
<tr><td>

Encourager les prix incitatifs : prix de thèse de la fondation Orange ; prix de la fondation L'Oréal dans les STEM ; prix Margaret dans le digital ; concours les ingénieuses, etc.

</td></tr>
<tr><td>

Mobiliser les partenaires :

- les jeunes alumna faisant figure de rôles modèles aidant à se projeter ;

- les associations de diplômées et réseaux au féminin ;

- les entreprises. Ces dernières peuvent être mécènes, intervenir sur l'égalité femmes-hommes en entreprise, être marraines pour accompagner des parcours d'étudiantes, s'ouvrir à des stagiaires aux profils atypiques, favoriser l'employabilité de certains d'entre eux, soutenir des événements dédiés[21].

</td></tr>
</table>

Tableau 3 : pistes pour améliorer la mixité des filières dans les établissements du supérieur

---

21 À l'ESSEC, autour du 8 mars a lieu une série d'événements (« Gender Equality Days », par exemple).

L'entrepreneuriat à décliner au féminin

À défaut de pouvoir évoquer ici toutes les filières et l'ensemble de leurs aspects singuliers, prenons à titre d'exemple celle de l'entrepreneuriat. Que constate-t-on ? La filière de l'entrepreneuriat est plutôt équilibrée en termes de mixité tant qu'il s'agit d'enseignements théoriques, voire d'exercices pratiques (business plan, campagne *inbound marketing*, etc.). Mais dès que vient le moment de l'incubation de projets, le taux de femmes s'effondre à 14 %.

Une première réponse est d'acter le besoin de booster la confiance des filles. C'est ce que le Club Génération #Startuppeuse s'emploie à faire en se dédiant aux projets #Tech4good[22] où l'accompagnement se concentre à la fois sur le projet, sa fondatrice et l'équipe. En matière de levées de fonds ou de croissance commerciale, on constate hélas que les verrous n'ont pas encore sauté... C'est un fait, les filles ont souvent une moindre appétence au risque, ont du mal à s'associer et font preuve d'un rapport à l'argent complexé. Malgré les espoirs placés sur une génération éduquée autrement, ces constats réalisés en 2007 ont peu évolué en quinze ans. Entre freins moteurs internes (complexe de l'imposteur) et système conçu par des hommes, nos créatrices pratiquent l'autocensure, voire renoncent. Ajoutons qu'à projet égal, les investisseurs financent moins les projets portés par des femmes ! Or, la France est un des pays où l'éducation supérieure a créé le plus d'incubateurs, met le plus de moyens et engage le plus notre écosystème (experts, banques, fonds d'investissement...). Le problème est celui de l'accompagnement des entrepreneures, mais aussi de la sensibilisation d'un écosystème entrepreneurial prisonnier de biais de genres « ancestraux ». Heureusement, la prise de conscience est là et les choses bougent grâce à divers acteurs dont Sista et la future loi Rixain (article 8) qui exige de la BPI une attention dédiée.

---

22 Vidéo Génération Startuppeuse – Académie des Sciences et Techniques Comptables et Financières : https://youtu.be/K7EDbROMezQ

◼️ D'un étudiant responsabilisé à un manager responsable ?

L'enseignement supérieur forme de futurs professionnels, dont certains occuperont un jour des postes à responsabilité. D'où l'impératif d'exemplarité en matière de promotion de l'égalité femmes-hommes. Des modules de formation dédiés permettent de développer chez les étudiants les compétences attendues pour favoriser la mixité et faciliter la gestion de la diversité et de l'inclusion par leurs employeurs. Présents dans les IAE, les écoles de commerce ou des masters spécialisés (par exemple, psychologie sociale des organisations), ils restent souvent à construire ailleurs. Ils gagnent à être dispensés par des professionnels en charge de ces questions, favorisant ainsi le lien entre l'université ou l'école et l'entreprise.

La lutte contre les violences sexistes et sexuelles (VSS)

Prévenir les préjugés, les biais de genre et les #VSS pendant les études, c'est limiter le risque de leur survenue, mais c'est aussi permettre aux entreprises de recruter des jeunes sensibilisés à ces questions majeures dans l'univers professionnel. Les établissements d'enseignement supérieur ont connu un retard à l'allumage concernant la prise en compte des discriminations et l'impulsion des politiques « Diversity & Inclusion ». L'actualité les contraint à s'emparer du sujet prioritairement sous l'angle des VSS, en particulier quand des affaires de ce type frappent des écoles prestigieuses.

Depuis quelques années, les VSS constituent un moteur du discours sur la mixité à destination des étudiants. Dans le secteur public, le ministère de tutelle n'a pas attendu le mouvement #MeToo pour inviter les établissements à se saisir de la question. Complétant la loi de 2013 qui les oblige à se doter d'une mission égalité entre les femmes et les hommes, une circulaire de 2015 les invitait à créer un dispositif de signalement des VSS subies par les personnels et les étudiants. À l'instar de celle de Lille, certaines universités avaient déjà commencé à agir en anticipant ce conseil. D'autres ont ensuite étendu ce périmètre aux discriminations, allant même jusqu'à mesurer la perception de ces agissements[23].

La plupart des établissements publics sont regroupés au sein de la Conférence permanente des chargé.e.s de mission Égalité et Diversité (CPED[24]). Un kit de prévention des discriminations dans l'enseignement supérieur est d'ailleurs en cours de réalisation par la CPED et l'AFMD[25], soutenu par le Défenseur des droits et le MESRI[26]. Cette accélération est parfois favorisée par la quête du label égalité et/ou diversité, comme à l'université de Lyon 1 ou du côté des écoles avec l'EM Strasbourg ou encore Montpellier Business School.

QUELLES SOLUTIONS AU SEXISME DANS LES GRANDES ÉCOLES ?

- Les établissements privés adoptent des démarches proactives s'inspirant du dispositif public et accélèrent avec la Conférence des grandes écoles[27].

- La plupart des établissements disposent d'une cellule d'écoute. Reste que les étudiants s'en saisissent peu malgré des campagnes d'information... Sur ce sujet, le dialogue entre les personnels et les étudiants reste donc à construire.

- Les sensibilisations des étudiants tentent de favoriser le vivre-ensemble. Le thème douloureux du sexisme et des VSS est largement abordé dans l'espoir de mettre enfin un terme aux agressions, notamment lors des soirées. La démarche consiste à informer les étudiant.e.s systématiquement sur les contacts, les dispositifs de protection, les solutions offertes aux victimes mais aussi les sanctions encourues pour les auteurs. En résumé, il s'agit d'un travail sans relâche.

---

23 https://theconversation.com/pourquoi-evaluer-la-perception-des-discriminations-a-luniversite-96362
24 www.cped-egalite.fr/
25 Association française des managers de la diversité.
26 Ministère de l'Enseignement supérieur, de la Recherche et de l'Innovation.
27 www.cge.asso.fr/publications/2020-06-03-livre-blanc-egalite-femmes-hommes/

- Désormais, les sensibilisations cherchent à toucher le plus grand nombre. On note par exemple le développement de modules e-learning et de MOOC à visionner par chaque étudiant.e pour valider son année (lorsque la formation est obligatoire).

- Dans les écoles ou universités de taille importante comprenant plusieurs campus, y compris à l'étranger, le défi repose sur des relais formés et efficients pouvant jouer le rôle de sentinelle.

- Le livre blanc de la Conférence des grandes écoles (CGE) « Égalité femmes-hommes : de la déclaration d'intention à l'expérimentation » (2020[28]) offre un panorama des actions de lutte contre les discriminations et les VSS permettant d'agir avec et pour les étudiants. Ces politiques constituent un changement structurel dans les établissements, comme l'illustre la 6e Journée nationale des missions égalité portant sur les dispositifs de prévention et de traitement des VSS et des discriminations[29].

L'EXEMPLE DU PROCESSUS RESPECT D'AUTRUI – TENTER UNE APPROCHE GLOBALE – UNE CHARTE CADRE DE DROIT À L'ESSEC

La charte cadre permet de déployer :

- un réseau d'une trentaine de référents collaborateurs mais aussi d'étudiants formés, aidés de psychologues et de juristes ;

- un processus cadré, un portail de signalement, un cabinet d'accompagnement ;

- une sensibilisation des étudiants à leur arrivée ;

---

28 www.cge.asso.fr/liste-actualites/livre-blanc-egalite-femmes-hommes-de-la-declaration-dintention-a-lexperimentation/
29 www.enseignementsup-recherche.gouv.fr/cid154924/6eme-journee-des-missions-egalite-de-l-esr-la-prise-en-charge-des-violences-sexistes-et-sexuelles-et-des-discriminations-au-sein-de-l-esr.html

- des sessions en grande école, BBA et MS pour former des managers responsables droit et management (les étudiants sont aussi sensibilisés au moment des stages et alternances) ;

- des actions des associations étudiantes dont HeForShe-ESSEC – membre du réseau ONU Femmes[30].

Du bon usage des réseaux sociaux ?

Face à ces agissements, les étudiants accordent parfois davantage leur confiance aux réseaux sociaux qu'aux dispositifs officiels et aux responsables d'établissements. Le succès du Tumblr « Paye Ta Fac », les « Balance Ton École Sup » ou « Balance Ton Stage » illustrent l'importance de ces relais de communication chez les étudiants. Ils dénoncent tout autant les propos ou attitudes sexistes, racistes ou homophobes d'un professeur (ou d'un collaborateur lors d'un stage) que les dérives entre étudiants. Ils sont le lieu d'expression privilégié pour soulager le sentiment victimaire. Les dénonciations obligent l'établissement à agir, en particulier quand il est désigné pour son immobilisme. Cette pression a accéléré la prise en compte de certaines affaires, mais en aggravant parfois la santé mentale des victimes dont la situation s'est retrouvée étalée au grand jour.

Revers de la médaille, l'usage des réseaux sociaux conduit également certains étudiants à propager des contenus à caractères sexistes, racistes ou homophobes. Certains messages sont délibérément haineux, d'autres proviennent d'étudiants qui ne mesurent pas toujours la portée virale de leurs actes à l'égard des victimes et de l'établissement cité. Les dispositifs d'alerte des établissements sont de plus en plus fréquemment confrontés à des cas de cyber-harcèlement entre étudiants, auxquels s'ajoutent parfois des

---

30 Voir schéma illustrant cette démarche page 154.

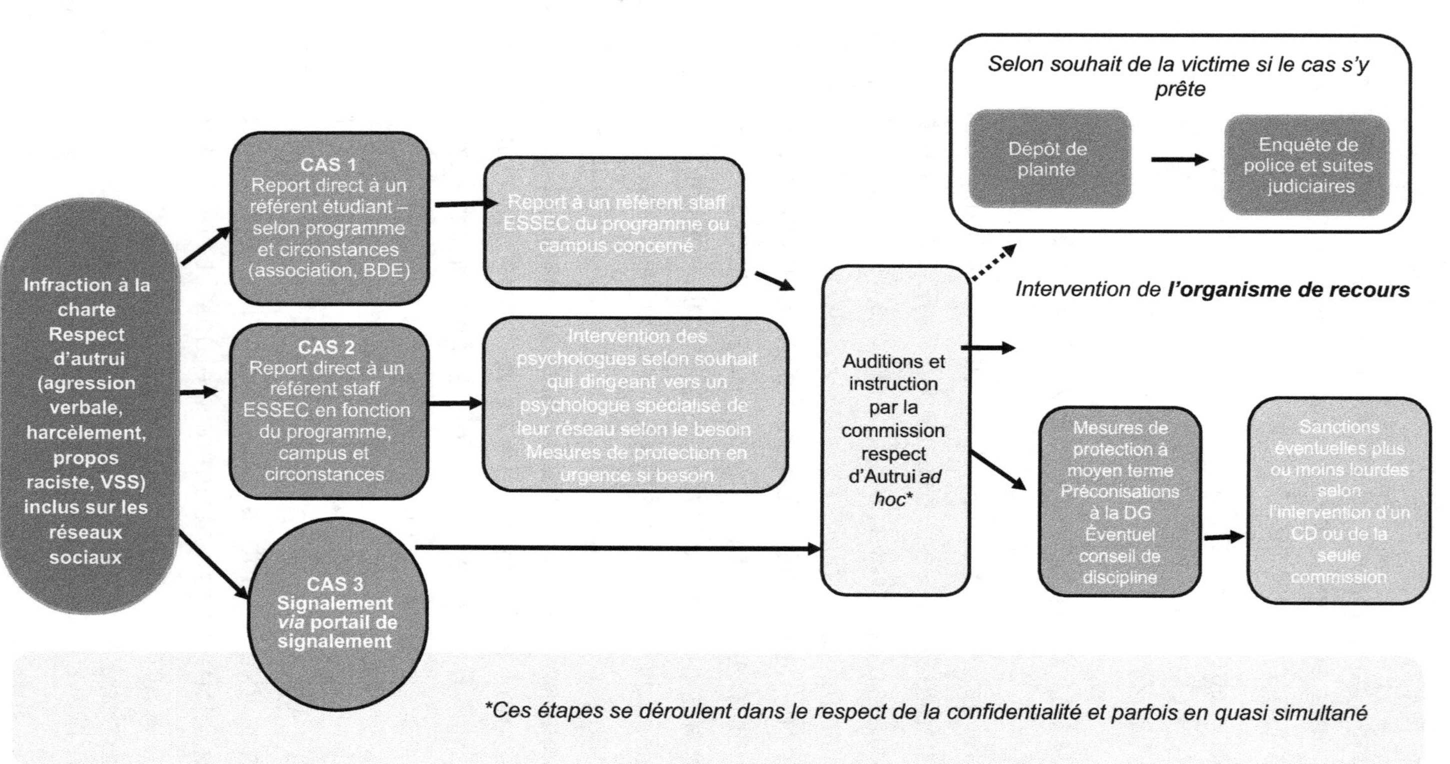

Figure 1 : le processus en schéma pour étudiants

menaces proférées par des groupuscules extérieurs. Le Ministère alerte les référent.e.s à ces situations nouvelles, aussi complexes à suivre qu'à contrôler. La sensibilisation des étudiant.e.s commence à intégrer ce sujet sous la forme de vidéos ou dans les flyers présentant le périmètre du dispositif d'alerte. Face aux phénomènes les plus violents, les établissements créent des cellules de crise avec l'appui des services de sécurité, de santé, juridique et de communication afin de proposer des réponses adaptées.

Conclusion

Le défi de la mixité sociale et de l'inclusion est devant nous et est à saisir ensemble ! Le monde de l'enseignement est confronté à de nouvelles problématiques critiques qui nécessitent des dispositifs de régulation portés par d'ambitieuses politiques égalité-diversité. Au-delà des questions de mixité et de violences sexistes et sexuelles, racistes ou homophobes, c'est bien l'interpellation sur le vivre-ensemble qui nous rattrape. Défi majeur, la diversité culturelle et sociale des établissements d'enseignement supérieur pose deux questions combinées.

La première concerne *le recrutement internationalisé* des formations et les parcours à l'étranger des étudiants qui pourraient être davantage accompagnés sur la thématique épineuse de l'inter-culturel. Chez soi ou à l'étranger, être « citoyen du monde » requiert le respect de l'autre et l'acceptation des différences. Or, ces préceptes supposés acquis ne le sont pas toujours dans les faits.

La seconde question traite de *l'égalité des chances*. Si de plus en plus d'écoles accueillent une proportion importante de boursiers et avancent sur l'admission de jeunes talents issus de quartiers défavorisés, le défi est aussi de réussir leur intégration. Cela requiert un lourd travail pour que les rites des castes entre élèves se transform en culture inclusive. De son côté, l'université accueille les bacheliers sans sélection. Habituée à l'inclusion des publics diversifiés et avec les moyens qui sont les siens, elle propose aux employeurs une importante diversité de profils, y compris des élites de la nation. Les entreprises ont leur rôle à jouer en diversifiant leurs recrutements dans le cadre de leur politique RSE.

CE QU'EN PENSENT LES DIRIGEANT.E.S

Jean-Laurent Bonnafé, BNP Paribas

« La principale difficulté, ce sont les filières métier en déséqui-libre massif (finance de marché, informatique, digital...) à l'échelle mondiale. Au-delà de l'influence familiale, des vocations se repro-duisent et les jeunes filles hésitent souvent à se spécialiser trop vite. Malgré les mesures prises, on ne pourra pas résorber un décalage de 75-80 % aussi vite que dans le reste de la banque. »

Chapitre 12

PARLER AUTREMENT DE LA MIXITÉ AUX RÉTICENT.E.S

MARIE DONZEL ET MARIE-CHRISTINE MAHÉAS

Comment trouver une place aux réticents (femmes et hommes) dans l'univers des débats sur le sujet de la mixité sans les culpabiliser ou les idéologiser ? De nombreux facteurs expliquent la lenteur des progrès de la mixité. L'un d'entre eux est la réticence à accepter le changement. Alors, essayons de comprendre pourquoi perdure – en chacun de nous – un manque d'enthousiasme, voire une part de peur, face à ce qu'engendre la mixité. En d'autres termes, cherchons à comprendre ce qui fait frein pour mieux identifier ce qui fera levier.

Pourquoi serait-on contre la mixité ?

En cartographiant les principaux motifs de réticence, il serait tentant de s'attarder sur le machisme décomplexé. Quand il va jusqu'à lier la provocation à la misogynie, il n'est jamais très loin du racisme et de l'homophobie... Mais en réalité, l'influence directe de ces machos des plateaux reste très relative. Ceux qui écoutent les saillies misogynes de tel chroniqueur qui en a fait son fonds de commerce ne prennent pas ses propos pour argent comptant. Ceux qui rient aux blagues sexistes ont généralement conscience qu'on a fait plus subtil. Et surtout, ceux qui suivent les talk-shows mettant en scène le clash d'une féministe médiatique et d'un réac assumé regardent davantage une partie de catch qu'un débat de société.

Quant au courant « masculiniste », encore plus extrême dans ses opinions et ses modes d'expression, convenons ici qu'il est illusoire de tenter de le convaincre. On pense notamment à ces quelques pères divorcés qui assument l'étiquette « antiféministe » et se manifestent par des actions spectaculaires. Et bien entendu, inutile de perdre son temps et son énergie avec certains mouvements tels que les « InCels » (« célibataires involontaires ») en Amérique du Nord qui vont jusqu'à tuer des femmes au nom de leur opposition au féminisme sous le prétexte délirant qu'ils auraient été éconduits sexuellement par ces dernières.

Concentrons donc plutôt notre analyse sur des réserves autrement plus riches d'enseignements.

Un système de valeurs rassurant à défaut d'être juste

Sans être opposés frontalement à la mixité, certains réticents se sentent rassurés dans un environnement séculaire : les femmes et les hommes y occupent une position différenciée dans laquelle chacun est censé y trouver son avantage. En outre, cet ordre établi évite l'inconfort d'avoir à s'interroger à chaque moment de vie sur la place potentielle des deux sexes. Rebattre les cartes, n'est-ce pas ouvrir la porte au désordre, dans un monde déjà en crises multiples ? Morceaux choisis :

> « Il est tout de même plus simple d'éviter les équipages mixtes dans les sous-marins que de devoir y gérer la cohabitation des sexes » ;

> « Présupposer que l'homme invite la femme au restaurant permet d'éviter ce moment gênant où l'addition arrive et où rien n'a été décidé en amont » ;

> « Il n'est pas désagréable de continuer à penser que Madame la préfète est de fait l'épouse du préfet. Cela autant par confort personnel que pour ne pas risquer un conflit de loyauté avec son entourage social. »

Même anecdotiques, ces exemples servent à protéger un système de valeurs rassurant. Si chacun sent bien l'injustice causée par ces inégalités impossibles à justifier, il leur reste difficile d'envisager leur remise en cause. Sinon, « tout fout le camp » comme le veut l'adage.

La méritocratie en conflit avec la mixité ?

Autre système de valeurs générant des freins classiques : l'idéal méritocratique. Autrement dit, pourquoi « réserver » des quotas de places aux femmes au nom de la mixité au détriment de nombre d'hommes les méritant tout autant ? Cette lancinante question nourrit souvent de l'aigreur en sourdine, qui peut aller jusqu'à la colère. « En tant qu'homme blanc de 35 ans, ai-je encore une chance de faire carrière dans cette boîte ? » s'avancent parfois à demander de jeunes cadres masculins lors de formations sur les discriminations. Car si l'on considère que les règles du jeu doivent être les mêmes pour tout le monde, les changer en cours de route à la faveur d'évolutions sociétales peut légitimement donner à certains le sentiment d'une injustice. On remarque d'ailleurs que nombre de bénéficiaires potentielles refusent de devenir des « femmes quotas[31] ». Convaincues de leurs mérites sans lien avec leur genre, elles trouvent humiliant d'être promues au nom d'une représentation par genre plus équilibrée.

Dans le registre « au nom de la méritocratie », on voit aussi une hostilité spontanée des managers confrontés pour la première

---

31 https://youtu.be/DnRJTGL-iOO : en novembre 2020, on a cependant vu en Allemagne la courageuse campagne « Ich bin einen QuotenFrau » de « femmes quotas » au pouvoir (y compris Ursula von der Leyen) qui expliquent que sans quotas elles n'auraient pas pu accéder à des postes à responsabilité dans les sphères économiques, politiques, culturelles.

fois au dilemme d'évaluer au même niveau un temps plein et un temps partiel : difficile pour les débutants de dissocier potentiel, résultats et temps passé. Il faut du métier pour adopter cette logique nouvelle.

La peur d'une inversion de la domination

La notion de « privilège masculin » est acquise par ceux qui ont travaillé la question du plafond de verre. Mais cette expression n'en est pas moins un irritant pour certains hommes qui se sentent accusés d'être personnellement responsables des inégalités subies par les femmes. Et la crispation a d'autant plus de risques de gagner du terrain que le concept de « privilège blanc » vient de surgir dans le paysage médiatique français en écho au mouvement #BlackLivesMatter aux États-Unis. Les choses sont évidemment moins binaires et il est indispensable de distinguer la masculinité de la « communauté des hommes » en rien homogène. Reste que cette idée réveille une crainte : et si les femmes finissaient par prendre tout le pouvoir ? À tel point que celles qui réclament des places dans les ComEx, ou dénoncent des inégalités salariales, sont dépeintes parfois comme victimaires et/ou vénales. Ne dit-on pas qu'on ne reconnaît un privilège dont on bénéficie... qu'au moment où l'on risque de le perdre ?

Un débat interdit par le « politiquement correct »

Parmi les agacé.e.s, on retrouve aussi celles et ceux habités par le sentiment qu'on ne peut plus rien exprimer qui n'aille dans le sens des défenseurs de la mixité. Quel promoteur de l'égalité n'a jamais provoqué bien malgré lui une vraie fatigue, perçu comme un parangon du politiquement correct, débusquant dans chaque propos ou chaque situation le potentiel sexiste, au point de décrédibiliser même les arguments les meilleurs ? Comme le signalait Gisèle Halimi dès 2003 dans un article du *Monde diplomatique* (« les stéréotypes de la femme castratrice[32] »), la réticence provoquée est telle qu'elle confine parfois au complotisme. Et certaines réactions au phénomène #MeToo montrent que la célèbre avocate féministe était visionnaire. Rappelons notamment une fameuse tribune tirant la sonnette d'alarme face à la montée de « la haine des hommes » et défendant la « liberté d'importuner[33] » au sein d'une société non aseptisée (*voir chapitre 3*).

A-t-on bien présenté les choses aux réfractaires ?

C'est peu dire que la conversation sur l'égalité femmes-hommes reste sensible, voire conflictuelle. Mais alors, qu'est-ce qui pèche ? Ceux qui croient dans les vertus pour toutes et tous de la mixité auraient-ils accompli quelques faux pas en traitant le sujet ? *A minima*, il est indispensable de chercher à faire mieux.

Finissons-en avec la terminologie du ringard

Par exemple, n'a-t-on pas un peu hâtivement traité en ringards ceux qui exprimaient des doutes, manquaient d'enthousiasme ou tout simplement ne saisissaient pas les enjeux du changement en faveur de la mixité ? Tout expert en matière de mixité ou d'inclusion est prompt à sur-réagir face à un argument essentialiste[34]. Pourtant, gare à ne pas décourager le « débutant » de bonne volonté qui croit bien faire en parlant candidement de « qualités féminines » tant il admire les femmes brillantes dont il est entouré. S'il se fait tacler

---

32 « Le "complot" féministe », par Gisèle Halimi (*Le Monde diplomatique*, août 2003) – www.monde-diplomatique.fr/2003/08/HALIMI/10360

33 « Nous défendons une liberté d'importuner, indispensable à la liberté sexuelle », *Le Monde*, 9 janvier 2018.

34 En sociologie, l'essentialisme se définit comme le fait d'attribuer aux individus repérés comme appartenant à un socio-groupe un certain nombre de caractéristiques réputées naturelles. Par exemple, le fait que les femmes sont susceptibles de porter des enfants ferait qu'elles seraient spontanément dotées de qualités liées à la parentalité : compétences pour le soin à autrui, empathie, tendresse, douceur, patience...

par les experts sous prétexte qu'il a confondu féminisation et mixité, pas étonnant de le voir ensuite opter pour une posture défensive.

En outre, derrière un réticent « ringard » peut se cacher un ancien engagé, de bonne foi et actif, ayant essuyé un revers violent dans ses actions, au point d'en devenir aigre. Il n'est pas rare de trouver des dirigeants traumatisés par un sponsorship d'une femme de talent qui a mal tourné (qu'elle ait renoncé à la promotion qu'il lui préparait, ou qu'elle ait été en échec ensuite). Flamme à rallumer plutôt qu'à moquer !

La méfiance à l'endroit des *gender studies*

Convenons-en, les études de genre[35], plus connues en leur traduction anglaise (*gender studies*), peuvent laisser perplexes les publics peu préparés aux notions de déconstruction du genre, d'intersectionnalité[36] ou autre fluidité des sexes. Nées dans les universités d'outre-Atlantique il y a plus de cinquante ans, elles font en France l'objet d'une double méfiance. D'abord parce que les Français n'affectionnent guère cette influence américaine sur un sujet de culture. Ensuite parce qu'elles ont été initiées par des universitaires féministes et LGBTQ+, ce qui n'est pas pour rassurer l'individu cartésien rétif au mélange des genres entre science et militantisme.

Voilà donc tout un corpus d'études argumentées qui se trouvent disqualifiées sous prétexte qu'un.e des auteurs ou autrices est militant.e, ou que telle expérience de psychosociologie a été pratiquée sur un terrain dit « biaisé » parce que l'échantillon de personnes interrogées n'est pas exactement représentatif de l'entreprise. Reste que, même si la notion de genre était encore taboue dans l'entreprise il y a une décennie, elle s'est finalement imposée, entraînant dans son sillage l'acceptation croissante de

---

35 https://fr.wikipedia.org/wiki/Études_de_genre
36 La notion d'intersectionnalité, forgée par Kimberley Crenshaw, met en évidence le fait que le vécu d'une femme blanche et celui d'une femme noire sont distincts, comme celui d'un homme blanc de celui d'un homme noir.

l'orientation sexuelle non hétéro-normée. Et aujourd'hui, la prise en charge des situations de transition de genre dans le cadre des politiques d'inclusion peut donner à certains le sentiment d'une révolution brutale ou en tout cas perturbante. En à peine quinze ans, on est passé de la blague misogyne assumée à l'obligation de ravaler son envie de plaisanter lorsque le collègue d'hier, devenue la collègue d'aujourd'hui, demande à utiliser les toilettes pour dames.

Malentendus dans la conversation sur la mixité

Le dernier point fréquent de résistance est le sentiment que la liberté de pensée et d'expression ne s'appliquerait pas à la mixité. En résumé, on n'aurait « pas le droit d'être contre ». À ce titre, tout formateur animant une session consacrée à la lutte contre le sexisme doit faire preuve d'une redoutable vigilance. Il n'est pas là pour dire qui pense « bien » ou « mal » et encore moins pour faire de la « propagande féministe ». Non, sa mission se limite à donner des clés de compréhension des enjeux de la mixité dans le monde du travail. De mauvaises expériences de ce type de formations ont pu décourager des bonnes volontés, voire fabriquer des opposants. D'autant plus que sur ce sujet de « valeurs » où le public n'attend pas d'expertise, il existe souvent un fort décalage entre le formateur bardé de connaissances et son public hétérogène. Pas simple de trouver un langage commun, autant adapté au manager convaincu par les vertus performatives de la mixité... qu'à l'indifférent venu émarger à cette session par obligation.

▰▰▰ Quatre pistes pour convaincre les réticents

① Partir du principe que chacun... fait ce qu'il peut !

L'accélération des changements sur le terrain de la mixité a été sans précédent ces vingt dernières années ! Aussi chacun s'adapte comme il peut à ce rythme effréné. Et s'il est finalement assez aisé d'embrasser la plupart des révolutions technologiques, comprendre et intégrer les évolutions sociétales demande beaucoup plus de décantation.

Nous avons chacun nos propres référentiels de valeurs, une culture de l'égalité différente selon l'environnement dans lequel nous avons grandi, qui nous donnent un rythme personnel dans l'acceptation de tous les changements sociétaux.

Pour ces raisons, et aussi parce que le sujet de la mixité est subtil et protéiforme, il est souhaitable de s'adapter au rythme de chacun. Sans être frileux pour autant.

2 **Réécrire le discours sur les bénéfices de la mixité**

Au-delà des avantages apportés par la mixité en termes de qualité de vie au travail et d'équilibre pro-perso, une multitude d'études[37] démontrent à quel point celle-ci est corrélée à la performance. Les arguments de performance ou de bien-être ont certes un impact significatif sur la conviction de la plupart des dirigeants. Mais sans surprise, ils sont beaucoup moins audibles lorsqu'il s'agit de convaincre un manager qui va devoir patienter deux ans de plus pour obtenir sa promotion au nom de la... performance collective. Notons d'ailleurs que ces justifications ne sont pas non plus efficaces avec toutes les femmes : trop de volontarisme et d'activisme sont perçus par beaucoup d'entre elles comme une insulte à leurs compétences.

Alors, comment s'y prendre ?

> Faut-il tout simplement avoir l'honnêteté de dire que la situation va revêtir un certain inconfort pour les hommes et leur demandera de la patience ? Nous pensons que oui. Cette vérité est bonne à dire, si difficile soit-elle à accepter.

---

37 Voir *Mixité, quand les hommes s'engagent*, Eyrolles, 2015.

> Au-delà de la frustration, reste un argument de poids à destination des hésitants : leur proactivité sur les questions de mixité leur permet de se positionner comme des leaders visionnaires. Par exemple, la création d'un environnement inclusif autour de soi et la participation active à un réseau mixité sont autant de signes d'une volonté d'adhérer aux choix stratégiques de l'organisation ; sans compter qu'à terme cette démarche est profondément formatrice d'un type de leadership qui est bien plus qu'une posture.

> Enfin, beaucoup d'entreprises mettent aujourd'hui l'accent sur de nouvelles perspectives de carrière échappant au schéma de l'ascension verticale continue. Les experts deviennent ainsi autant valorisés que les leaders opérationnels : les femmes comme les hommes qui n'aspirent pas à des promotions contre nature peuvent y trouver épanouissement et sérénité, sans déchoir.

3 Accorder un temps au dialogue et à la conflictualité sur le sujet

Il demeure somme toute beaucoup de raisons, compréhensibles sinon légitimes, de manquer de conviction face à la mixité. Aussi, la pire des méthodes est de présenter cet objectif comme une injonction. Dire et écrire partout que c'est la voie non négociable s'avère en réalité contre-productif. Mieux vaut qu'une large place soit laissée à l'expression libre, aux arguments et contre-arguments dans le cadre d'un dialogue respectueux des identités et de la courtoisie. Parce qu'elle permet de traiter davantage de facettes de la problématique, cette liberté de parole est d'ailleurs indispensable.

Cependant, tout en donnant le droit au dialogue et pourquoi pas à un certain type de conflictualité, attention à rester sur le terrain de la mixité professionnelle sans vouloir traiter en même temps les sujets sociétaux (LGBTQ+, PMA, droits du corps, etc.). Et si ces thèmes connexes arrivent malgré tout sur le tapis, il convient de les traiter un par un. Aucune raison que la mixité au travail devienne aussi le « fourre-tout » de tout ce qui travaille la société autour des questions de genre.

Dans ces échanges d'argumentaires, on voit souvent des discussions ne pas aboutir à des solutions actionnables, car empreintes du désir d'avoir raison sur le fond. Or, il n'est précisément pas nécessaire d'être d'accord sur… le fond. Il s'agit davantage d'être pragmatique en alignant chaque sensibilité sur des solutions acceptables par tous !

Enfin, et si on laissait à chacun la possibilité d'exprimer sa peur face à ce grand bouleversement ? Non, le mot « peur » n'est pas trop fort. En avoir conscience permet d'affiner les solutions. En revanche, il est important de préciser que la posture militante n'a pas sa place dans l'entreprise. La posture doit être essentiellement « profession-nelle » pour une efficacité accrue, dans un climat où chacun se sent respecté, et non acculé. Le militantisme s'active quant à lui dans la société, dans les associations, dans la rue, etc. Le chapitre 6 y revient en profondeur.

4 Entrer dans l'aventure de la mixité d'où l'on vient, comme on est

L'aventure de la mixité est enthousiasmante et nombreux sont les chemins qui y mènent : ils sont tous légitimes *(voir chapitre 9)*. Par exemple, cela peut être en tant que parent d'une fille : alors qu'ils ont accepté sans même y penser l'inégalité pour leur génération, ils ne la supportent plus pour leur fille élevée avec autant d'attention et d'ambition que son frère. Pour d'autres, le déclic s'est opéré en écoutant une femme d'affaires vanter la mixité de manière autrement plus crédible à leurs oreilles qu'une militante. Enfin, certains ont sauté le pas en constatant pragmatiquement que le vivier d'hommes compétents dans leur métier était bien trop restreint pour que l'on puisse se passer de l'intelligence des femmes.

Conclusion

Face aux réticents, la mission des convaincus, historiques ou récents, est sans ambiguïté : jouer les ambassadeurs. Et même si ce terme peut sembler galvaudé avec son côté « rôle modèle », il définit bien les qualités de diplomatie nécessaires pour faire accepter des compromis raisonnables par toutes les parties en présence. Être à la fois empathique pour comprendre les blocages culturels (rôle classique d'« allié » en matière d'inclusion) et tenace pour tenir le cap, telle est la voie étroite pour parler aux réticents. À chacune et chacun d'être ces ambassadeurs-là, ouverts et respectueux, pragmatiques et efficaces, tout en demeurant intègres sur le plan des valeurs.

CE QU'EN PENSENT LES DIRIGEANT.E.S

Emmanuelle Quilès, Janssen

« Leader européenne de WLI[38], je rencontre des collaborateurs mais peu d'hommes. Notre engagement est de les engager. S'ils disent : "C'est pour les femmes et pas une priorité business", on rappelle que c'est un sujet de performance ! Nous travaillons les biais inconscients avec une super formation, obligatoire, plus de 100 000 salariés en ligne ! Nous avons des objectifs chiffrés à partir de vice-président.e avec impact sur le salaire. J'ai choisi un homme pour incarner le sujet et on en parle chaque semaine. J'entends : "Ah, elle ne va pas encore nous saouler avec ça" alors j'apporte des exemples simples : "Si c'était ta sœur, ta femme, accepterais-tu ça ?" L'appréciation des autres quand vous vous comportez mal, j'y crois énormément. Récemment, il y a eu un propos déplacé : ce n'est pas la personne atteinte qui a répondu, ce sont les autres collègues qui ont dit : "Ce qu'il vient de dire est déplacé." Ils se sont appuyés sur nos valeurs. »

---

38 Women Leadership and Inclusion, programme mixité européen Janssen.

Bernard Michel, Viparis

« Les hommes craignent un fonctionnement moins aisé dans un univers de mixité... Ils ne sont pas toujours persévérants, c'est un combat dont ils ne voient pas les bénéfices. Et surtout, l'un des premiers reproches que j'entends des hommes en place, c'est que le pouvoir ne se partage pas, alors même que nous devons évoluer vers un management plus transversal et jouer la diversité pour être plus performants. Je pensais que parler de compétitivité, d'innovation managériale, de RSE les inspirerait : mais cela ne suffit pas. Il faut accélérer sur la parité et mettre fin plus rapidement aux écarts. C'est pour cela que j'en suis arrivé à la conclusion qu'il faut des quotas. »

ACTION(s)!!
LA MIXITÉ EN ENTREPRISE

Partie IV

REMIXER LES ACTIONS MIXITÉ

Vaste débat que celui de se demander quel bouquet efficace d'actions mixité femmes-hommes engager dans les entreprises ! Quelques maladresses ont peut-être été commises, mais sans doute fallait-il les commettre pour être en mesure de passer à autre chose.

La première a été de considérer la question de la mixité comme une question uniquement RH, menée par des femmes, pour des femmes, plutôt qu'une question stratégique et business qui doit être menée par la/le dirigeant.e.

La seconde a été de se concentrer sur les femmes (formations, coaching, etc.) au point de donner l'impression qu'elles sont inadaptées au monde de l'entreprise.

Enfin, la troisième a peut-être été de souvent traiter la question de la mixité femmes-hommes comme une diversité comme les autres – culturelle, de genre, ethnique – au point de diluer l'efficacité des mesures.

Nous proposons dans cette partie d'envisager les actions mixité en réfléchissant, d'une part, à la façon dont elles doivent être pensées en miroir des autres sujets, des enjeux sociétaux plus généraux et des pratiques ailleurs et autrement. D'autre part, nous proposons de mettre en place des actions coordonnées à tous les étages de l'entreprise : la gouvernance, les process RH, le modèle managérial et la communication.

Chapitre 13

AGIR SUR LES DISPOSITIFS ET PROCESS

MARIA GIUSEPPINA BRUNA
ET INÈS DAUVERGNE HADDOUT

Comment outiller l'entreprise avec des process ancrés dans une vraie posture mixité, au service de toutes et tous, en revisitant la gestion des carrières, les réseaux, les filières, les mesures et les évaluations ?

Les boîtes à outils de l'égalité

Dans les entreprises françaises, les politiques de prévention des inégalités et de promotion de la mixité femmes–hommes se configurent comme des démarches ambidextres. Appelées à répondre aux attentes des parties prenantes, elles se placent à la frontière de l'éthique et de l'intérêt. Elles sont aussi à la confluence de l'obligatoire et du volontaire.

Facteurs de renouveau du pacte social d'entreprise, les processus organisationnels et les dispositifs managériaux dûment revus *en clé d'égalité* partagent un même dessein transformationnel… et inclusif.

C'est pourquoi ils méritent d'être appréciés comme des boîtes à outils de l'égalité, concourant à ensemencer (et à outiller) l'entreprise de demain.

Les réseaux mixité sont-ils des laboratoires d'agilité et des fabriques d'inclusion[1] ?

Les réseaux de collaborateurs-citoyens fleurissent dans les grands groupes hexagonaux, notamment ceux de l'industrie, de la technologie et de la banque-assurance. Fondées tout autant sur la convergence d'intérêts que sur le partage des valeurs et sur l'affinité, ces structures affichent donc des finalités multiples et des promesses ambivalentes.

Mixtes bien que très majoritairement féminins, les *women's networks* sont inclusifs par vocation et innovants en pratique. Ils reposent sur un engagement volontaire, intermittent et jamais exclusif de leurs membres[2]. Espaces du pluriel, ils sont des laboratoires de régulation sociale. En eux se forgent des compromis collectivement négociés et mutuellement acceptés. Ces *think and do tanks* (groupes de réflexion et d'action) font trésor de la complémentarité des compétences et des légitimités. Ils cultivent une plasticité morphologique et une agilité opérationnelle qu'ils placent au service d'un dessein transformationnel.

Là où l'affinité devient porte d'entrée vers une cause qui la transcende et le partage de cause un critère d'affinité, ces réseaux collaboratifs se font catalyseurs d'engagement au service

---

1 Les sections 1 et 2 de ce chapitre offrent un aperçu des résultats saillants du Programme de recherche-action « Des femmes & des réseaux », dirigé par la professeure Maria Giuseppina Bruna. Des femmes & des réseaux décrypte les conditions d'alignement stratégique, d'efficience opérationnelle, d'innovativité socio-managériale et de viabilité des réseaux mixité/inclusion au sein de grandes entreprises. À ce jour, il a permis d'étudier près de vingt-cinq réseaux et sous-réseaux de par le monde. Inscrit dans une démarche partenariale, le programme est hébergé par la Chaire IPAG « Entreprise Inclusive » et bénéficie du soutien de la Fondation Égalité Mixité (et de ses entreprises partenaires : Axa, Engie, Orange, Michelin), de CBRE France, du Groupe Total et de la Fondation Michelin.

2 Bruna Maria Giuseppina, Ducray Luc-Frédéric, Montargot Nathalie, « Faire face aux défis de la post-modernité au travail : les réseaux intra-organisationnels, espaces d'agilité, fabrique d'innovation et laboratoires d'inclusion » in E. Bonneveux, A. Hulin, F. Gavoille et T. Lebègue T. (dir.), *DRH, RSE et Emplois : vers de nouvelles approches inclusives*, Vuibert, 2019, p. 147-172.

de l'égalité[3]. Ils deviennent le réceptacle symbolique et l'instrument stratégique d'un combat pour l'égalité dans la diversité.

Mais alors que la mission de tels réseaux est supposée les rendre inclusifs, ils s'avèrent vite excluants lorsque leurs modes de recrutement se teignent d'élitisme cooptatif. Communautés constituées avant tout de cadres, ils connaissent une certaine endogamie qui est de plus encouragée par un système d'affiliation (fléchage, marrainage, invitation...) lors d'événements sélectifs. Certes trans-métiers (exemples : Wenity at Orange ou IBM-Elles), ils restent en revanche assez peu trans-statutaires.

Ouverts à la diversité des talents-métiers et volontiers internationaux (exemples : Twice at Total et Women in Networking d'Engie), ces espaces-réseaux ont des frontières poreuses et les modalités d'entrée/sortie y demeurent (relativement) simples. Agencés en pôles, missions et territoires, ils alternent des projets de court terme et de faible ampleur aves des initiatives plus ambitieuses et annonciatrices d'impacts plus durables (audits, expertises, démarches d'innovation, programmes de mentoring ou d'égalité des chances...).

Dotés d'une remarquable capacité d'entraînement (inspiration, influence, outillage...), nombre de ces réseaux rejettent l'élitisme en s'ouvrant à la diversité des profils, des âges, des métiers et des territoires. Ce faisant, ils actualisent leur dessein humaniste. Les pratiques innovantes d'IDN (Inclusion & Diversity Network) by CBRE France, Women Forward at Michelin, Mix'in d'Axa France et Twice at Total témoignent de cette force de transformation.

---

3   Bruna Maria Giuseppina, Ducray Luc-Frédéric, Montargot Nathalie, « Décrypter les ambiguïtés de la société post-moderne pour penser la morphologie de l'entreprise de demain. Une illustration réticulaire », *Management & Sciences sociales,* n° 23, 2017, p. 64-85.

▆▆▆ Les réseaux mixité sont-ils à l'avant-garde de l'entreprise de demain ?

Ces plateformes doivent leur efficience à la convergence des finalités entre membres et à une logique consensuelle à même de canaliser les énergies et de donner sens à l'action[4]. Néanmoins, leur potentiel transformationnel requiert un parrainage au plus haut niveau de l'organisation. Il leur faut aussi un plan d'action auditable, des moyens conformes aux objectifs assignés et, *in fine*, des dispositifs de valorisation des réalisations *(outcomes)*.

Laboratoires d'une agilité inclusive[5], ils se distinguent par un degré élevé d'alignement au contexte de l'entreprise, par la clarté de leur positionnement, la praticabilité de leurs projets et leur propre maturité. Ils doivent leur pérennité à l'attractivité de leur dessein tout autant qu'aux dynamiques de socialisation professionnelle et d'apprentissage collectif qui s'y déploient.

Structurés et agissants, ils constituent des *boîtes à outils de l'égalité* et se configurent comme des instruments au service d'une gestion des ressources humaines. Ainsi concourent-ils, tour à tour, au design, à la signification, au déploiement et/ou à l'enrichissement des politiques d'égalité professionnelle. Par les missions d'expertise qu'ils assurent pour le compte du top-management ou par les préconisations stratégiques qu'ils élaborent, ils s'affirment comme des *Business and Social Partners*.

Comme en attestent Women Forward at Michelin, Mix'In d'AXA ou Twice at Total, les réseaux mixité insufflent le changement dans l'entreprise. Par le truchement de fédérations telles que Financi'Elles ou Cercle Inter-Elles, ils peuvent alimenter une

---

4 Bruna Maria Giuseppina, « Du diagnostic stratégique à l'alignement : explorer les conditions d'efficience d'une démarche RSE », *Gestion 2000*, vol. 37, n° 9, 2000, p. 67-85.
5 Bruna Maria Giuseppina, « Dynamique de changement, exercice de la réflexivité et apprentissage managérial dans la conduite d'une démarche transformationnelle de diversité », *La Revue des sciences de gestion*, n° 281-282, 2016, p. 121-136.

évolution plus diffuse des règles du jeu et des pratiques organisationnelles en matière de mixité. Creusets de créativité, par eux
se disséminent des innovations (sociales, managériales et parfois
économiques) et des programmes intra/entrepreneuriaux
 riches de sens (exemples : « Au féminin » puis « Mixité » depuis
2021 à la SNCF, et « Double You » chez Orange Business Services).

Annonciatrices de l'entreprise de demain, ces structures expérimentent des mécanismes de régulation sociale aptes à favoriser la
socialisation professionnelle et l'apprentissage entre pairs. Formes
organisationnelles hybrides, les *women's networks* pratiquent le plus
souvent une gouvernance collégiale où les hiérarchies classiques sont
mises entre parenthèses. Dans ces communautés de pratiques, les
membres embrassent un engagement mutuel et épousent une cause
partagée, tout en servant une pluralité d'objectifs faisant l'objet d'un
consensus relatif. Comme en atteste l'exemple d'IDN by CBRE France, de
telles pratiques stimulent l'innovation et alimentent la cohésion sociale.

Qui plus est, de tels réseaux ensemencent un nouveau type de
leadership. Plus diffus, plus collaboratif et plus apprenant, celui-ci
repose sur la valorisation de l'engagement et la répartition non
statutaire (et tendanciellement méritocratique) des fonctions. Et
grâce à un meilleur partage des informations, il encourage la prise
d'initiative, l'autonomisation et la responsabilisation.

Espaces de dialogue partenarial (exemple : « Elles du réseau »
chez GRT Gaz), les réseaux se configurent comme des espaces de
parole et de (possibles) *laboratoires du Commun* où se réapprend la
vertu de l'écoute et se construit un verbe collectif. Annonciateurs
d'un nouveau modèle d'entreprise, ils expérimentent un subtil
équilibre entre reconnaissance des singularités et renforcement
de l'unité organique. Ce faisant, ils embrassent un humanisme
pragmatique apte à concilier les intérêts de l'entreprise avec les
attentes sociales des collaborateurs et des citoyens.

Former les femmes à un leadership « féminin » ?

Afin de rendre mixtes leurs instances de direction et de lutter contre le plafond de verre, de nombreuses entreprises se sont approprié le concept de leadership féminin. Il en a découlé la valorisation d'atouts censés caractériser les femmes leaders : intelligence émotionnelle, écoute, collaboration, délégation... De telles approches soulèvent néanmoins un certain nombre d'interrogations. Car si le leadership féminin est participatif et démocratique, cela signifie-t-il *a contrario* que les hommes exercent naturellement un style de leadership directif et tourné vers l'exercice du pouvoir pour eux-mêmes ? N'est-ce pas faire ainsi le jeu des stéréotypes de genre en attribuant à chacun et chacune des compétences rattachées à son sexe plutôt qu'à sa personnalité ? Attention à ne pas tomber dans le piège de l'essentialisation... Au-delà, *quid* des femmes n'exerçant pas un style féminin de leadership car il ne leur sied pas ou parce qu'il ne correspond pas au modèle managérial encouragé dans leur entreprise ? On leur reprochera d'être agressives ou de s'être masculinisées et elles risquent de devenir des rôles repoussoirs plutôt que des rôles modèles. Et que dire des hommes qui ne se comportent pas en « mâles alpha » ? Ils seront perçus comme faibles et manquant de charisme. De tels raccourcis participeront à entretenir les préjugés et à légitimer la permanence des inégalités au travail.

Pour éviter d'alimenter les stéréotypes de genre, l'alternative consiste alors à reconnaître la pluralité des styles de leadership et d'en proposer tout un éventail aux leaders (femmes comme hommes). Fondés sur l'agilité, la collaboration, l'inclusion, la responsabilisation et l'innovation, ces nouveaux modes de management constituent un levier efficace pour dépasser le clivage féminin *vs* masculin. C'est pourquoi il convient de former les femmes et les hommes à affirmer leur type de leadership, à se rendre plus visibles et à ne pas s'autocensurer. De telles démarches émancipatrices peuvent être complétées par des formations à la prise de parole en public, au développement de l'assertivité, au marketing de soi ou à la gestion de son image digitale. Cependant, tout cela n'a de sens que si l'entreprise entreprend une refonte de ses systèmes de détection des potentiels et parvient à dépasser une conception genrée du pouvoir. C'est seulement à ce prix que l'on verra fleurir de nouveaux profils de leaders. Peu importe leur genre, ils seront avant tout plus agiles et plus inclusifs, à même d'affronter les défis de demain.

Ouvrir aux hommes les programmes de mentoring et de networking ?

Les actions développées à destination des femmes permettent d'identifier et d'accompagner les talents féminins. Cependant, elles peuvent générer des soupçons de discrimination positive entraînant un sentiment d'injustice et, surtout, elles peuvent donner l'impression qu'il est nécessaire de « réparer les femmes ». Menée par la fondation WIF en 2017, une étude européenne sur la mixité dans les grands groupes a révélé ceci : en France, plus de 50 % des hommes et 40 % des femmes estiment que « les femmes sont parfois favorisées au nom d'une politique d'égalité ». Dans certaines entreprises hexagonales, ce taux grimpe même jusqu'à 75 % chez les hommes ! Des données d'autant plus troublantes qu'en Allemagne ou en Italie, elles plafonnent à 25 % pour les hommes et 15 % pour les femmes.

Mais alors comment agir contre ce plafond de verre sans générer un tel (res)sentiment d'injustice auprès de la gent masculine ? Il convient tout d'abord de communiquer sur les causes dudit plafond de verre. À ce sujet, notons les énormes écarts de perception d'un genre à l'autre : deux tiers des femmes identifient des inégalités à leurs dépens (dans la promotion, la rémunération et les chances de devenir cadre dirigeant) tandis que deux tiers des hommes ne perçoivent rien de tel[6]. Dans ce contexte, rien d'étonnant à ce qu'ils considèrent les actions à destination des femmes comme injustifiées et sources de discrimination positive.

Une fois la réalité des inégalités au travail établie (d'autant plus si celles-ci sont marquées), il est pertinent de réserver aux femmes des actions de formation, coaching et mentoring. Parce qu'ils permettent de corriger des inégalités systémiques entravant l'avancement au mérite, de tels dispositifs « pro-femme » relèvent ici d'une logique d'équité. Cependant, comme en témoignent les exemples réussis des réseaux mixtes, l'idéal est d'ouvrir rapidement ces programmes de leadership aux hommes. Notamment à ceux qui souffrent de freins à la carrière faute d'avoir le bon diplôme, la bonne posture ou la bonne culture métier. Cet élargissement permettra de transformer des actions pro-mixité en véritables moteurs d'inclusion. Pour autant, si l'on veut encourager la libération de la parole et le partage d'expériences communes de ressentis inégalitaires, la non-mixité demeure nécessaire sur certains sujets sensibles. Des moments mixtes de rencontre et de travail permettront ensuite de croiser les regards et de construire ensemble.

---

6 Études « IMS stéréotypes et genre », 2012, et « La mixité dans les grands groupes » pour la fondation WIF, 2017.

LA BOÎTE À OUTILS DE LA MIXITÉ

Au-delà des réseaux mixité et programmes de développement, ce sont la plupart des processus RH qui sont au centre de l'échiquier de la mixité femmes-hommes et sont appelés à s'adapter en permanence aux évolutions sociétales :

- **l'éveil à l'altérité et la formation aux valeurs de l'égalité et de la diversité : 1)** mettre en place avec succès des programmes de sensibilisation de l'ensemble des employés et du corps managérial à des problématiques telle que « Pourquoi la mixité (performance, justice sociale, responsabilité sociétale des entreprises [RSE], *accountability/compliance...*) ? » ; **2)** former aux stéréotypes de genre, biais décisionnels, freins féminins, sexisme, harcèlement, violences sexistes et sexuelles[7] ;

- **le recrutement : 1)** s'assurer que les équipes RH sont formées aux enjeux de l'égalité, de la diversité et de l'inclusion au travail ainsi qu'aux méthodes du recrutement non discriminant afin de corriger les biais de genre ; avoir de la diversité au sein des équipes de recrutement pour s'assurer de croiser les points de vue ; **2)** diversifier le *sourcing* en suscitant des vocations et en levant l'autocensure (partenariats pédagogiques ; force inspirante de l'exemple ; plongeons expérientiels « Vis ma vie » ; sensibilisation en interne et externe en déconstruisant les mythes liant des métiers à un genre) ; **3)** élargir les viviers et sortir des profils types de recrutement (miser sur le potentiel et non uniquement sur des candidat.e.s immédiatement opérationnel.le.s ; **4)** proposer aux équipes de recrutement et aux managers, avant les entretiens, des tests ou sensibilisations anti biais[8] ; **5)** rédiger (et faire partager) les procédures de recrutement ; **6)** objectiver les critères d'évaluation des candidatures (CV, lettres de motivation, entretiens) et garantir la traçabilité des processus de recrutement ;

---

7 Voir *Mixité, quand les hommes s'engagent, op. cit.*
8 Les tests d'associations implicites de l'université de Harvard sont souvent utilisés : https://implicit.harvard.edu/implicit/

- **l'attractivité et la rétention des talents : 1)** clarifier les fiches de postes et les critères d'accessibilité et les revoir sous l'angle des stéréotypes de genre ; **2)** objectiver les compétences requises pour chaque poste et déployer une démarche à même de reconnaître la diversité des chemins (et mécanismes) d'acquisition et de développement des compétences (techniques et organisationnelles) ; **3)** valoriser toutes les compétences, y compris les compétences « discrètes » (compétences clés que l'on ne remarque que lorsque le travail n'est pas réalisé) ; **4)** questionner l'importance de la mobilité dans la construction des carrières (est-il par exemple nécessaire d'avoir été expatrié vingt ans pour accéder à un comité exécutif ?) ; **5)** travailler sur la qualité de vie au travail (QVT) : dévaloriser et réduire le présentéisme, adapter les horaires de réunion à la parentalité… ;

- **la prise en compte des différences entre carrières féminines et carrières masculines**[9] afin de favoriser l'accession des femmes à des positions de responsabilité : **1)** offrir la possibilité d'intégrer les viviers de talents ou hauts potentiels jusqu'à un âge plus « avancé », pour tenir compte des interruptions de carrière dues aux grossesses et des conséquences sociales de la maternité ; **2)** accompagner spécifiquement les femmes accédant à des postes très élevés, là où l'exposition au risque et la possibilité d'échec sont plus grandes (le « *peer coaching* » peut être recommandé à ce niveau) ; **3)** faciliter l'accès des femmes aux postes « tremplins » (postes clés pour une accession aux postes de dirigeants) ; **4)** favoriser les passerelles entre les fonctions support et les fonctions opérationnelles ; les postes à responsabilité technique et les positions managériales ; **5)** anticiper les départs et retours de maternité de manière « fluide », mettre en place des dispositifs d'accompagnement à la paternité (par exemple, revoir les contraintes de déplacement dans les mois qui suivent une paternité) : **6)** mettre en place des programmes de leadership, mentoring et networking pro-mixité pour lutter contre l'autocensure et les biais cognitifs genrés ;

- **la gestion des ressources humaines (GRH) responsable, l'employabilité durable et les politiques de mobilité : 1)** s'inscrire dans une démarche de GRH responsable (marque employeur ; qualité de vie au travail ;

---

9 Voir « 6 mesures concrètes pour accélérer la Mixité dans les organisations », Livre vert de l'Observatoire de la Mixité, 2021.

horaires de travail et balance des temps ; télétravail ; travail nomade ; politique sociale ; démarche handicap/salariés-aidants ; services de garde d'enfants…) ; **2)** revisiter les processus d'évaluations annuelles en s'assurant que la démarche n'est pas biaisée dans les questions posées, les critères pris en compte et même la manière dont l'entretien est conduit ; **3)** s'inscrire dans une démarche d'employabilité durable (formation professionnelle responsable…) et de GPEC stratégique (sous le prisme de l'égalité entre les sexes et de la diversité) ; **4)** revoir la politique de mobilité : lorsqu'elle est un prérequis au développement de la carrière, la rendre plus accessible aux femmes (prise en compte du célibat géographique, télétravail, accès aux écoles pour les enfants, etc.) ; **5)** étudier le phénomène d'*opting out* (par lequel les femmes tendent à ne pas se positionner sur des postes élevés, peut-être découragées par l'image qu'ils véhiculent quant à l'absence d'équité et/ou d'équilibre entre la vie professionnelle et la vie personnelle) et démystifier les croyances genrées[10], en faisant témoigner des dirigeantes, proposer des scénarios « Vis ma vie » avec les dirigeantes pour créer des rôles inspirants ; **6)** reconnaître et valoriser les évolutions horizontales et non seulement les évolutions verticales ;

- **la mixité dans les objectifs et les bonus :** indexer une partie du salaire, pour tous les managers (et pas seulement pour les dirigeants), sur l'atteinte d'objectifs mixité précis et intégrer la socio-efficience managériale *(voir chapitre 14)* et les efforts consentis en matière de mixité parmi les critères d'octroi de bonus ;

- **l'accessibilité du tableau de bord mixité, de l'index égalité professionnelle femmes-hommes en interne et en externe :** il convient de garantir l'accessibilité par les collaborateurs et d'encourager le dialogue (social et professionnel) autour du *tableau de bord mixité* (incluant les objectifs prioritaires, les indicateurs principaux, les facteurs clés de performance mixité-diversité-inclusion), de *l'Index égalité professionnelle femmes-hommes* (dit Pénicaud) et des *dashboards* rattachés aux différentes démarches de reporting, certification et labellisation RSE de l'entreprise.

---

10 La campagne de recrutement SNCF est un modèle du genre : www.facebook.com/SNCFrecrutement/videos/1585316971625286 – et certaines vidéos sont particulièrement efficaces pour déconstruire les idées toutes faites à propos du caractère « genré » de certaines professions : https://youtu.be/kJP1zPOfq_0

Conclusion

Les programmes de networking, coaching et *empowerment* au féminin, ainsi que les réseaux mixité pensés de façon inclusive, constituent des vecteurs potentiels de transformation organisationnelle et culturelle. Ajouté à cela, l'ensemble des processus organisationnels s'adaptent à la nouvelle donne « mixité » pour faire effet de levier. Annonciateurs de l'entreprise de demain, toutes ces actions ensemencent un nouveau modèle de leadership profondément humaniste car égalitaire, efficient car coopératif, résilient car apprenant, agile car inclusif.

CE QU'EN PENSENT LES DIRIGEANT.E.S

Céline Lazorthes, Sista

« La maternité est un vrai moment de bascule et c'est pour ça que je m'étais beaucoup investie pour le congé paternité. Il se trouve que j'avais mis en place un congé paternité étendu dans ma boîte assez tôt, de trois semaines, et ensuite d'un mois rémunéré à 100 %. De là est né le Parental Act, et on a publié une tribune dans *Les Échos* avec 100 puis 300 dirigeants qui nous ont rejoints. Et c'est vrai que quand l'Élysée m'a appelée en me disant : "Le président a adoré la mesure, on va la prendre mot pour mot et en faire une loi", c'était assez rentable. Voilà. Après, c'est devenu un projet de loi qui a été voté en octobre 2020 et qui a vu le jour en juillet 2021. »

Bernard Michel, Viparis

« Je n'ai jamais aimé l'idée "d'aider les femmes" et de les accompagner pour qu'elles surmontent ce sentiment injustifié de syndrome d'imposture. Je suis par contre convaincu que le partage des idées au sein d'un réseau d'hommes et de femmes mobilisés est essentiel, avec trois priorités : chercher des solutions pour traiter les stéréotypes de genre, équilibrer vie pro et vie perso (notamment le congé parental), soutenir l'intra-preneuriat au féminin. D'ailleurs, il faudra se battre pour ne pas oublier les femmes pendant la relance post-pandémie et analyser les investissements et financements publics au regard de leur impact sur la parité. »

Emmanuelle Quilès, Janssen

« La moitié de mes clients sont des femmes médecins. Aujourd'hui, la majorité des diplômés de médecine sont des femmes. Mais en tant que professeure, cheffe de service, elles sont à peine 20 %. 85 % des femmes à l'hôpital disent avoir été discriminées dans leur parcours professionnel. Même si les étudiantes disent que tout va bien, les remarques commencent dès l'entrée à l'hôpital, du style : "Comment ça, t'es enceinte, ce n'est pas le moment !" Alors on a créé une association pour aider ces femmes médecins : Donner des Elles à la santé. Pour la plupart, cela a été extrêmement difficile d'arriver là où elles en sont. On a cinq hôpitaux qui acceptent de promouvoir l'égalité femmes-hommes en disant que ça fera avancer l'hôpital, à travers une charte et une démarche concrète. »

Stéphane Pallez, FDJ

« Obtenir 100 à l'index Pénicaud n'est pas une fin en soi... L'objectif, c'est de continuer à développer l'égalité femmes-hommes dans tous les métiers. Cela veut dire embaucher plus de femmes dans les métiers technologiques, créer des parcours plus fluides, casser ces barrières, absurdes à l'heure du numérique, entre le marketing et la technologie, par exemple. Le patron du pôle Technologie est un soutien actif du réseau mixité parce qu'il pense que c'est un enjeu majeur. Aujourd'hui, il a plus de femmes dans son comité de direction qu'il n'en a jamais eu. C'est le résultat de recrutements externes et d'attention aux promotions internes. »

Stéphane Pallez, FDJ

« Notre réseau a été lancé en 2015 et a démarré comme un réseau de femmes, puis il est devenu mixte. La mixité n'est pas un objectif à réaliser par et pour les femmes, mais aussi par et pour les hommes. Ce réseau a, par exemple, organisé un échange sur le congé paternité. Pourquoi les hommes ne prennent-ils pas les congés auxquels ils ont droit ? Certains ont expliqué pourquoi ils l'avaient pris même si cela n'avait pas été facile ; un autre qu'il n'avait pas osé parce qu'il avait peur que ses collègues le prennent pour un tire-au-flanc. »

Chapitre 14

AGIR SUR LE MANAGEMENT

INGRID BIANCHI ET ÉRIC SINGLER

Comment aider les managers à traduire dans leur quotidien de façon concrète une posture respectueuse des différences et intransigeante sur toutes les formes de sexisme (pour le bien commun et pas seulement pour « faire la police ») ?

La problématique

La mixité en organisation passe par l'adoption de nouveaux comportements au quotidien. Le défi n'est pas simplement de changer les attitudes et de créer un nouvel état d'esprit favorable à l'égalité femmes-hommes, mais aussi de modifier concrètement les habitudes de l'ensemble des acteurs des organisations. À commencer par ceux des managers dont le rôle d'entraînement est crucial.

Il s'agit bien de changer les actes et pas simplement les discours et les intentions. C'est dans cette différence entre attitude et comportement que réside la difficulté majeure de tout changement. En d'autres termes, ça n'est pas parce que nous avons l'intention d'adopter de nouveaux comportements que nous le faisons réellement. Et le combat pour la mixité n'échappe pas à la règle, bien sûr.

Les experts en sciences comportementales ont démontré que les humains sont des êtres complexes dont les décisions sont influencées par de multiples facteurs : nos habitudes, nos émotions, le rôle des autres et du contexte dans lequel nous évoluons et enfin les biais cognitifs systématiques. L'objectif de cette contribution est donc de donner des pistes pour passer des bonnes intentions aux comportements pertinents.

■■■■■ Quel profil pour un manager inclusif ?

Peu importe son genre, un manager joue pleinement son rôle s'il réunit les conditions permettant à chaque personne de son équipe – femme ou homme – de s'y intégrer, de s'y épanouir et d'y exprimer tout son talent.

Cette posture inclusive est déterminée par les éléments suivants :

> humilité : il s'agit de faire preuve d'ouverture et d'une capacité à remettre en question ses représentations pour dépasser les biais de genre qui peuvent catégoriser les compétences des femmes et les exclure de fonctions dites « masculines » ;

> ouverture à l'autre, à la différence : pour percevoir les compétences d'un individu qui n'a pas le même vécu ni le même parcours, il faut avoir la capacité d'accueillir la différence et tout l'univers autour de cette différence qui peut être étranger à soi ;

> empathie : pour comprendre la réalité d'une personne qui n'est pas la sienne et son ressenti, développer une écoute active, bienveillante et faire preuve d'empathie est indispensable afin d'appréhender ses besoins et ses attentes.

La posture de manager-coach est au cœur de la démarche d'un manager inclusif. Il s'agit d'encourager la progression, l'autonomie et le développement du potentiel de sa collaboratrice en posant un cadre de confiance stimulant qui pousse à se dépasser. Il s'appuie à la fois sur des qualités de courage, d'agilité et une capacité de gestion émotionnelle forte :

> courage : tout acte managérial nécessite en soi du courage[11] pour arbitrer et prendre les bonnes décisions pour le bien de l'ensemble de l'équipe et l'atteinte des objectifs. Maintenir le respect entre membres de l'équipe et veiller au quotidien à entretenir une bonne ambiance de travail demande d'être capable de dire les choses au moment opportun sans attendre ;

> agilité et flexibilité sont nécessaires pour adapter son management aux particularités des membres de l'équipe en faisant preuve de souplesse ;

> gestion de l'émotionnel : l'intelligence émotionnelle et la capacité à aborder des situations à enjeu émotionnel deviennent des compétences clés pour faire face à la vulnérabilité, la fragilité ou l'hypersensibilité de tout collaborateur ou collaboratrice.

L'action managériale intervient alors à deux niveaux : vis-à-vis de la collaboratrice par l'écoute et l'attention bienveillantes, ainsi qu'auprès de l'équipe par une attitude exemplaire et non équivoque sur l'égalité entre les femmes et les hommes et le respect de chacun.

Si le bon état d'esprit du manager est un prérequis indispensable à la mixité dans l'organisation, il ne s'agit là que d'un terreau favorable. Comme nous l'avons déjà souligné, reste ensuite à transformer les bonnes intentions en actions correspondantes. Et c'est là que les choses se corsent...

Les biais cognitifs, premiers responsables de l'écart entre intention et action

Professeur à la Duke University, Dan Ariely[12] rappelle que « nous sommes réellement beaucoup moins rationnels que ce que la théorie

---

11 Voir le livre de Jim Detert, *Choosing Courage*, Harvard Business Review Press, 2021.
12 *C'est vraiment moi qui décide ?*, Flammarion, 2016.

économique standard considère. Et ces comportements irrationnels ne sont ni aléatoires ni insensés. Ils sont systématiques, répétitifs et prévisibles ». L'explication majeure de l'écart intention-action tient dans cette notion de biais systématiques qui influencent nos comportements. On en recense plusieurs dizaines[13], mais concentrons-nous sur les quatre qui freinent la mixité en organisation.

Le biais de *statu quo*

En résumé, les humains n'aiment pas le changement. Preuve en est, nous partons souvent dans les mêmes lieux de vacances, nous fréquentons les mêmes personnes, nous dînons toujours dans les mêmes restaurants, etc. Et si nous restons attachés à la situation actuelle, ce n'est pas parce qu'elle est meilleure mais bien parce qu'elle est... actuelle. Un vrai défi pour les changements de comportements liés à la mixité.

Le biais de sur-confiance

Il souligne notre tendance naturelle à surestimer nos capacités à la fois vis-à-vis de celles des autres et à vis-à-vis d'une situation donnée. Dans le cas de la mixité, ce biais rend les managers trop optimistes quant à l'efficacité de leurs actions prises en faveur du changement.

Le biais de confirmation

Nous avons une tendance naturelle à accorder trop d'importance aux informations confirmant notre opinion initiale. Dans le cas de la mixité, un manager peut avoir tendance à sélectionner inconsciemment quelques « preuves » marginales de l'efficacité des actions mises en œuvre, puis à y voir la confirmation d'un changement profond allant dans le bon sens.

---

13 Pour le lecteur intéressé, nous recommandons la lecture du livre de Daniel Kahneman *Système 1, Système 2 : les deux vitesses de la pensée,* Flammarion, 2012 ou celui, plus accessible, de Dan Ariely, *C'est vraiment moi qui décide ?, op. cit.*

Le biais de « catégorisation » ou de « classification[14] »

Ce raccourci mental involontaire consiste à catégoriser les individus à partir d'informations de base facilement accessibles. C'est le cas typique du genre. Selon ce principe, les hommes se retrouvent par défaut autoritaires tandis que les femmes sont supposées être à l'écoute des autres. Ce qui conduit à exclure d'une mission une personne qui n'aurait pas les qualités requises pour la fonction, du fait de son genre.

L'incessante combinaison de ces quatre biais illustre bien le défi que représente tout changement en profondeur. C'est pourtant ce que l'on attend des managers. Alors, comment faire ? Comment contrecarrer l'effet de ces biais structurels ?

La clé de la solution : un environnement incitatif

L'arme fatale réside dans la conception d'un environnement apte à faciliter et à encourager l'adoption des comportements souhaités. Le but est de créer un cadre envoyant des signes convergents à chaque collaborateur sur les comportements souhaités (pour qu'ils deviennent la norme) et ceux non admissibles (pour les tuer dans l'œuf).

Ne rien laisser passer

Au-delà des leaders de l'organisation qui constituent des rôles modèles fondamentaux, les managers ont un impact déterminant. À eux de créer et d'alimenter au quotidien cet environnement psychologique favorable à la mixité. Cela passe d'abord par le langage utilisé pour décrire les femmes (gare aux diminutifs, aux qualificatifs, à l'humour limite, etc.). Mais aussi par les actions renforçant

---

14 Voir Gerd Gigerenzer *et al., Classification in the Wild,* The MIT Press, 2020.

le sentiment d'équité (règles d'absence/congé, aménagement des horaires, répartition des dossiers, etc.) – *(voir chapitres 9 et 10).*

Être à l'écoute des besoins et ressentis de ses collaboratrices

Tout manager a parfois tendance à observer son équipe avec son propre prisme. Bien souvent, c'est ce manque d'écoute qui dissuade les femmes d'exprimer leurs doutes ou leurs besoins. Solliciter l'avis de l'ensemble de l'équipe permet de s'assurer que ce qui est proposé est bon pour tous, et ce quel que soit le genre.

Encourager les femmes et développer leur confiance

Il s'agit de créer un climat de bienveillance permettant à chacun d'exprimer son ressenti et de confier ses idées sans crainte d'être jugé, critiqué voire rabaissé. Les travaux de la professeure et chercheuse d'Harvard Amy Edmonson[15] montrent que la capacité des managers à créer une culture de « sécurité psychologique », au sein de laquelle chacun se sent en confiance, est fondamentale pour libérer la parole. Encourager les femmes à prendre des risques sans craindre l'échec leur permet de sortir de leur zone de confort.

Enraciner la mixité dans le quotidien *via* des règles intangibles

Les bonnes intentions décrites ci-dessus ne sont qu'un point de départ et l'objectif majeur est d'enraciner la mixité dans le quotidien de chacun. Par exemple, pourquoi ne pas inscrire la règle d'un minimum de candidatures féminines à étudier pour tout poste de management ? Cela contribue à limiter l'autocensure des femmes et à lutter contre leur sous-représentativité dans les listes de hauts potentiels.

---

15 Amy Edmonson, *The Fearless Organization*, Wiley, 2018.

Déjouer les risques de biais

Pour lutter contre toute discrimination inconsciente dans les étapes de recrutement, d'évaluation et de promotion, il est nécessaire de s'appuyer sur des process (tests, mises en situation, évaluations…) pertinents limitant l'influence des biais. Par exemple, si l'on pense que telle collaboratrice sera trop fragile émotionnellement pour tel poste de manager, il faut s'efforcer de vérifier ce présupposé en observant son comportement lors d'une mise en situation ou à partir d'une description précise de ses expériences. Autre manière de challenger ses propres risques de biais : associer une autre personne – idéalement d'un autre genre – dans le processus pour croiser les regards et objectiver l'évaluation.

Garantir la totale participation des femmes à l'intelligence collective

Menée par le cabinet Global Contact, l'étude Gender Scan 2016 confirme que les équipes mixtes sont les plus performantes : 81 % des décideurs estiment que leurs résultats sont meilleurs que ceux des équipes non mixtes. En d'autres termes, la mixité produit une meilleure intelligence collective. À condition toutefois que tout le monde puisse s'exprimer… Il s'agit donc pour le manager d'établir des règles garantissant la participation des femmes, notamment à travers leurs compétences comportementales ou *soft skills*. Et pour orienter les choses dans la bonne direction, rien ne vaut les occasions de mixité (binômes mixtes, objectif de mixité sur chaque projet, etc.).

Repenser la mixité comme une compétence managériale

À travers l'ensemble des initiatives en faveur de la mixité, ce qui se dessine, c'est de présenter désormais comme une nouvelle compétence managériale la capacité à faire progresser la mixité de ses équipes et à rendre l'environnement de travail aussi favorable pour les femmes que pour les hommes. Cette compétence se retrouve à différents stades ou différents moments de la vie du collaborateur ou de la collaboratrice : le recrutement, l'intégration, le développement de l'engagement, la gestion de la carrière et enfin l'organisation des promotions – autant de sujets qui deviennent partie intégrante des nouvelles compétences du nouveau manager.

Repenser l'organisation au sein des équipes

Cet environnement incitatif peut également porter sur l'assouplissement de l'organisation du travail. Les femmes étant encore largement en charge de la vie familiale[1], rien n'empêche de revoir temporairement les modalités de collaboration de l'équipe afin de permettre à une collaboratrice de suivre ses dossiers tout en assurant la garde de ses enfants malades à la maison.

Ne pas oublier l'environnement physique

Les sciences comportementales démontrent que l'espace de travail peut être aménagé de manière à contribuer aux comportements souhaités chez ses utilisateurs. Ainsi, le professeur Paul Dolan de la London School of Economics a conçu l'acronyme SALIENT[16] (Son, Air, Lumière, Image, Ergonomie, nature et Tonalités coriolles) qui synthétise les résultats d'une méta-analyse relative aux effets démontrés de l'espace sur les comportements. Saviez-vous, par exemple, que les tables arrondies favorisent des conversations empathiques ? Que nommer une salle de réunion a une influence sur notre état d'esprit lors des meetings qui s'y tiennent ? Que la proximité et la vision de la nature favorisent le bien-être et la créativité ? La conception initiale des espaces peut donc intégrer des objectifs spécifiques à la mixité (magasin alimentaire, garde d'enfants, conciergerie...).

L'environnement physique peut aussi être utilisé comme un support de communication en faveur de la mixité. Par exemple, les murs des

---

16 https://pauldolan.co.uk/peer-reviewed/the-salient-checklist-gathering-up-theways-in-which-built-environments-affect-whatwe-do-and-how-we-feel.html

endroits emblématiques (entrée, salles communes, salle du conseil d'administration…) d'une entreprise peuvent afficher des portraits de femmes de l'organisation exerçant des fonctions perçues comme habituellement confiées aux hommes. Ce rappel permanent à l'ensemble des collaborateurs contribuera aussi à la lutte contre le biais de l'imposteur qui limite encore trop souvent l'ambition féminine.

Conclusion

Au final, la combinaison de toutes ces bonnes pratiques facilite le passage à l'acte au travers de l'adoption de comportements bénéfiques au quotidien. Professeure à Harvard Kennedy School dont elle dirige le programme « *Women and Public Policy* » (et auteure de *What works – Gender Equality by Design*[17]), Iris Bohnet écrit ceci : « Nous pouvons réduire l'inégalité de genre. Nous utiliserons tout ce que nous savons sur la manière dont l'esprit humain fonctionne, comment les biais influencent les décisions et comment les sciences comportementales savent contrecarrer cela. Les sciences comportementales constituent à la fois notre outil le plus utile et le plus sous-utilisé. »

Des géants comme Google et des institutions comme le mouvement HeForShe des Nations unies se sont emparés de cette approche. Aux managers français de s'en inspirer pour donner un coup d'accélérateur au changement.

CE QU'EN PENSENT LES DIRIGEANT.E.S

Jean-Laurent Bonnafé, BNP Paribas

« Personne aujourd'hui "ne souhaite pas" atteindre une meilleure mixité. On peut en revanche ne pas y prêter suffisamment d'attention, par commodité dans une entreprise déjà très complexe. Si on n'élève

---

17 Iris Bohnet, *What Works,* Harvard University Press, 2016.

pas la priorité au niveau des dirigeants, si on ne manage pas précisément, il n'y a aucune chance que la mixité advienne face au poids des cultures. C'est un équilibre aussi fragile que la botanique. Rien n'est jamais acquis, il faut cultiver chaque jour. Rien n'est du registre granitique. Une organisation qui avancerait de façon mécanique risquerait de ne pas atteindre un objectif de qualité. »

Delphine Ernotte Cunci, France Télévisions

« Dans un secteur où l'émotion gouverne, il n'a pas de place pour les longs discours, il faut des actes : au-delà des formations sur les biais inconscients, ce sont les décisions disciplinaires qui envoient les marqueurs du changement de culture. »

Denis Machuel, Sodexo

« Chez nous, les hommes ont pris la cause de la diversité de manière très forte. Nous ne questionnons plus le "pourquoi" mais le "comment", c'est la clé ! Quand je suis arrivé comme DG, cela faisait quinze ans qu'on "labourait". Michel Landel a pris la cause au début des années 2000, l'a travaillée lorsqu'il était aux États-Unis et dès 2005, en tant que DG, il affirme fort ses convictions : effort permanent, musique de fond. Puis il y a eu l'enquête interrogeant 50 000 managers et démontrant le lien entre mixité et performance. Nous retenons les 3C : conviction, cohérence et constance. Le réseau Swift s'est construit avec des femmes, puis des hommes ont vite intégré le réseau qui a été renommé "So together". Aujourd'hui les hommes vous montrent leurs indicateurs mixité avec fierté : c'est fort ! Passer chez Sodexo et vivre cela change les gens, il y a un avant et un après, on ne réagit plus de la même manière. »

Bernard Michel, Viparis

« Pour les hommes, la mixité, c'est compliqué ; les habitudes, c'est plus confortable. Et ils n'acceptent pas facilement l'idée de se faire coacher. Pourtant, au long de ma carrière, j'ai promu plusieurs femmes à des postes de direction générale et je n'ai jamais ressenti l'inconfort qu'ils décrivent : c'est l'efficacité et la compétence qui priment ! Avec moins de connivence, mais il faut peut-être abandonner l'esprit vestiaire entre hommes pour avancer. Certes, c'est dans les cercles informels que les décisions se prennent, mais il n'y a pas de raison que le foot, le rugby ou la chasse soient les seuls points de passage obligés ! »

Stéphane Pallez, FDJ

« Il y a cinq ans nous avons pris un engagement basé sur une conviction : il n'y a pas de raison qu'il n'y ait pas en proportion autant de femmes managers que de femmes chez FDJ. Aujourd'hui, nous y sommes ! J'y ai contribué en termes d'impulsion, mais cela n'aurait pas marché si tout le comité de direction ne s'était pas engagé. C'est notamment grâce à cette mobilisation interne que nous avons atteint 100/100 cette année à l'index Pénicaud et il faut maintenant préserver cette note. »

Carlo Purassanta, Microsoft France

« C'est l'enthousiasme du dirigeant qui est contagieux, s'il s'appuie sur des leviers précis. Pour engager les équipes, je demande bien entendu un plan d'objectif, sans être rigide sur la problématique de diversité de chacun (je n'impose pas le sujet, mais je veux un plan, en ayant donné le cadre général à atteindre ensemble). J'encourage une posture de résultats, pas seulement d'efforts ; il faut travailler plus pour livrer un résultat : car embaucher réellement une femme, c'est faire travailler plus les RH, les chasseurs, et avoir la patience de chercher encore jusqu'à trouver la meilleure candidate. »

Chapitre 15

ET EN **RETOUR,** AGIR SUR LA **SOCIÉTÉ**

Patrick Scharnitzky et Pete Stone

Si l'entreprise est un écosystème assujetti aux règles sociétales, comment en faire un laboratoire permettant, en retour, de produire des enseignements pour la vie civile, la famille et le quotidien ?

La problématique

Les enjeux de la mixité dans l'environnement professionnel sont au diapason des valeurs, normes et lois de notre société. Mais la circulation se fait aussi dans l'autre sens, car l'entreprise crée un système de codépendance entre ses membres rendant la mixité incontournable. Comment l'évolution des sujets mixité dans l'entreprise peut-elle en faire un laboratoire capable d'inspirer la société dans son entièreté ? Comment la place des salariés dans l'entreprise les aide-t-elle à se positionner différemment dans leur rapport à l'éducation, à l'école, à la citoyenneté et même au sein de leur cellule familiale ? Enfin, comment les acteurs politiques ou juridiques peuvent-ils se nourrir de tout cela pour repenser le cadre sociétal ?

▰▰▰ Le congé paternité… ou quand l'entreprise remue la société

2002 : la France vote le « congé de paternité et d'accueil du jeune enfant » d'une durée de 11 jours calendaires (18 jours en cas de naissance multiple). Il s'ajoute au congé de naissance de 3 jours, pris en charge par les entreprises, et s'applique à tous les pères, adoptants compris. Selon une étude de la Drees[18], il est pris par environ 70 % d'entre eux en 2013.

2017 : sous l'impulsion des salariés relayés par de nombreuses associations, une pétition de 52 000 signatures réclame l'allongement de la durée du congé paternité à 4 semaines. Dans la foulée, l'OFCE[19] préconise d'en doubler la durée et de le rendre obligatoire pour gommer les inégalités sociales.

2017 : Aviva est la première entreprise en France à mettre en place un congé de parentalité unique de 10 semaines pour le parent conjoint. Trois raisons motivent une telle démarche : « Participer à réduire la discrimination des femmes à l'embauche et dans l'évolution de leur carrière professionnelle ; participer à l'équilibre des temps de vie personnelle/professionnelle afin de tirer le meilleur de la diversité des talents ; participer à attirer de nouveaux talents[20]. »

2018 : l'IGAS (Inspection générale des affaires sociales) préconise de porter le congé paternité à 2 ou 3 semaines. Elle souhaite également le rendre partiellement obligatoire pour augmenter la proportion des pères susceptibles d'en bénéficier.

Février 2019 : dans le cadre de son programme « Share & Care », L'Oréal annonce l'allongement du congé paternité à 6 semaines

---

18 Direction de la recherche, des études, de l'évaluation et des statistiques (Drees).
19 Observatoire français des conjonctures économiques.
20 https://presse.aviva.fr/communique/164064/Naissance-adoption-Aviva-France-premiere-entreprise-en-France-a-proposer-10-semaines-de-conges-de-parentalite-a-salarie-e-s

en France. Cette évolution s'applique aux 13 000 collaborateurs et concerne jusqu'à 200 nouveaux pères ou coparents chaque année. Pour son DRH, cette mesure va lutter contre l'inégalité femmes-hommes en permettant un partage plus équilibré des rôles dans la sphère domestique. Elle doit aussi déboucher sur une meilleure répartition de la charge mentale, encore trop largement supportée par les femmes.

Septembre 2019 : le groupe Kering instaure un congé payé de 14 semaines pour tous les nouveaux parents ou coparents. Au-delà des enjeux de parentalité, là encore le groupe communique autour de l'impact positif d'une telle mesure sur l'égalité entre les femmes et les hommes.

Janvier 2020 : selon un baromètre publié par la Drees, 38 % des Français trouvent le congé paternité trop court. Et surtout, 63 % des 18–24 ans souhaitent l'allongement de sa durée.

Février 2020 : 105 entreprises françaises signent le « Parental Act ». Ce dispositif accorde 1 mois de congé au second parent (quels que soient son sexe et son statut conjugal) et il est rémunéré à 100 % par l'entreprise.

Septembre 2020 : le gouvernement annonce un projet de loi faisant passer la durée du congé paternité (profitant au père ou au second parent) à 28 jours. Sa mise en application est prévue pour juillet 2021.

Cette histoire du congé paternité en neuf dates montre magnifiquement comment les évolutions sociétales se font de façon systémique. On retrouve ici quatre acteurs engagés dans un jeu d'allers-retours ; 1) le politique qui a le pouvoir de faire changer le cadre légal ; 2) les citoyens vivant des évolutions sociétales telles que la désexuation lente mais irréversible des rôles parentaux ; 3) les instances gouvernementales chargées de mesurer ces évolutions sociétales et d'en alerter le politique ; 4) l'entreprise qui subit le cadre légal et les attentes des salariés… tout en prenant l'initiative de certains changements. Et c'est là que l'histoire devient intéressante car elle s'accélère. Le congé paternité est donc un bon indicateur du va-et-vient permanent entre le professionnel et le sociétal et démontre comment ces deux sphères se nourrissent mutuellement.

L'entreprise, laboratoire pour la mixité femmes–hommes dans la société

Sur le sujet de l'égalité entre les femmes et les hommes, les évolutions sociétales, politiques et légales impactent bien sûr les entreprises. Toutes les lois liées à cette thématique votées depuis les années 1980 les contraignent à mettre en place des actions répondant au cadre légal. Par exemple, la loi Copé-Zimmermann de 2011 a obligé les grandes entreprises à compter au moins 40 % de chaque sexe dans leur conseil d'administration alors que les femmes n'occupaient que 16 % des sièges. Parfois, on mesure aussi un impact moins direct voire insoupçonné entre des évolutions sociétales liées à l'éducation ou à la famille et la place de la mixité dans les enjeux stratégiques de l'entreprise. Il en va notamment de l'explosion des divorces et des gardes alternées qui conduit les employeurs à revoir leur copie sur les horaires des réunions, les modalités du télétravail, le temps partiel, les expatriations, etc. Que les évolutions soient portées par le cadre légal ou par une évolution dans la société, l'entreprise finit toujours par être impactée.

Mais le mouvement fonctionne aussi dans l'autre sens et c'est l'objet de ce chapitre. Voyons comment le monde économique devient parfois un laboratoire au sein duquel naissent des prises de conscience et des appétences nouvelles capables d'impacter la société tout entière.

1 Impact de niveau 1 : sur les acteurs de l'entreprise

Écosystème normé et régi par un cadre réglementaire strict, l'entreprise rend les comportements déviants beaucoup moins anonymes qu'en dehors de ses murs. Par exemple, une attitude déplacée d'un collègue devant témoin peut vite déboucher sur un recadrage ou sur une sanction. En outre, l'entreprise propose aujourd'hui, dans une logique de performance sociale, des actions de sensibilisation qui peuvent toucher des publics détournés dans la vraie vie des actions politiques ou associatives. C'est notamment le cas du harcèlement, un fléau adressé aujourd'hui dans les entreprises par des e-learnings, des chartes, des plaquettes d'information ou encore des conférences. Elles souhaitent ainsi se protéger et protéger leurs salariés. Mais l'utilité va bien au-delà et chaque femme sensibilisée dans son cadre professionnel sera ainsi mieux armée à réagir face à une situation de harcèlement de rue. De plus en plus, l'entreprise propose des sensibilisations sur des sujets satellites de l'activité professionnelle et cela impacte les postures personnelles dans la vie de tous les jours.

Ces actions organisées dans les entreprises amènent aussi des questionnements sur la distribution des rôles dans le cercle familial. Le télétravail, le congé paternité, la prise de conscience sur le plafond de verre, les sensibilisations aux biais inconscients et stéréotypes ne peuvent qu'irriguer une réflexion au sein des familles sur la place de chacune et de chacun, ainsi que sur les messages à transmettre aux enfants.

Si l'on prend l'exemple du congé paternité proposé par l'entreprise, on constate que la prise de ce congé par les pères a un impact durable :

> sur le partage des tâches domestiques ;

> sur la conscience qu'ont les hommes de l'importance de leur rôle auprès de l'enfant dès son plus jeune âge ;

> et, en creux, sur la compréhension en « live » de l'impact définitif sur la psychologie de l'enfant et sur son bien-être de l'absence du père dans les premiers mois de vie[21].

Les conférences en entreprise sur le sujet de la mixité et des stéréotypes de genre entraînent beaucoup de réflexions et de remises en cause dans les foyers, par exemple sur le choix des médias par rapport à la place faite aux femmes, ou encore sur l'importance donnée aux mots et aux symboles. Exemple emblématique : le langage *(voir chapitre 10)*. Le débat reste ouvert mais il est clair que la féminisation des titres est en route, tant cela concerne l'identité de toutes et tous. Les mots changent car on comprend qu'ils sont vecteurs de symboles et l'attention qui leur est portée en va de même. Les cas révélés ou juste débattus de sexisme ou de harcèlement dans les entreprises alimentent désormais les dîners en ville.

2 Impact de niveau 2 : sur la place de l'entreprise dans son environnement

Notamment *via* le partage de photos ou de *stories* entre collègues, la vie privée de chacun entre désormais aisément dans l'entreprise. Mais l'inverse est encore plus vrai. Avec la place prise par les réseaux sociaux, ce qui se passe à l'intérieur des entreprises se sait de plus en plus à l'extérieur, et ce parfois en temps quasi réel. De ce fait, comment ne pas comprendre l'impact des sujets mixité sur l'image d'une entreprise ? Selon la manière dont elle est maîtrisée, les effets peuvent être déterminants sur les salarié.e.s, futures recrues, clients, fournisseurs, investisseurs... Si elle est reprise dans les médias, une seule plainte pour harcèlement sexuel suffit parfois à altérer gravement la réputation d'un acteur économique. Et à l'inverse, l'entreprise vertueuse en matière de mixité devient

---

21 Le rapport sur l'importance des 1 000 jours de l'enfant : www.santepubliquefrance.fr/la-sante-a-tout-age/la-sante-a-tout-age/les-1000-premiers-jours

exemplaire. Elle est citée comme la bonne élève capable d'aimanter les plus jeunes générations très sensibles à ces sujets.

De manière encore plus large, les entreprises hexagonales sont des vitrines pour la valeur de la maison France, *via* les enjeux de marque employeur. On a toujours produit des centaines d'indicateurs classant les pays selon la robustesse économique de leurs entreprises. Mais cela ne suffit plus. La performance sociale (parmi lesquels on retrouve au premier rang les index de mixité) tient aujourd'hui un rôle essentiel dans un benchmark mondial. Ce qui se joue dans chaque entreprise au niveau de la mixité contribue à l'image associée à toute une culture. C'est ainsi que l'on cite très souvent – de façon amalgamée et simpliste – les pays scandinaves comme les champions du monde de la mixité dans les entreprises. Et à n'en pas douter, cette image influence grandement notre rapport à ces cultures nordiques.

3 Impact de niveau 3 : sur les évolutions légales, politiques et sociétales

On vient de le dire, l'entreprise est un système dans lequel tout est mesuré. Et les études réalisées en interne renseignent le législateur au point qu'elle devient un point de référence. L'exemple du *testing* au recrutement est significatif. Rappelons que ces opérations consistent à répondre à de vraies offres d'emploi avec des CV fictifs permettant de comparer le taux de propositions d'entretien de recrutement en fonction de critères sociodémographiques. Les premières vagues datent de 2005 à l'initiative de l'Observatoire des discriminations et elles ne se sont jamais arrêtées. Si un *testing* montre que, toutes choses égales par ailleurs, une femme reçoit moins de propositions d'entretiens qu'un homme, cela donne des éléments factuels au politique pour agir. Il en va de même pour les écarts de salaire ou pour les déclarations de sexisme dans les *people survey*. L'entreprise devient un observatoire pour toute la société et particulièrement pour le politique qui peut prendre des décisions adaptées aux constats réalisés.

Et la circularité devient patente lorsque les lois ainsi promulguées impactent à leur tour le fonctionnement des entreprises. À l'application de la loi Copé-Zimmermann en 2017, on a fait le constat que le taux de féminisation avait quasiment atteint le seuil attendu de 40 %. Pourtant, cinq ans plus tôt, bien peu d'entreprises le croyaient réaliste... On pourra bien sûr objecter que cela s'est parfois fait de façon artificielle. Reste que ces femmes sont désormais dans la place, aptes à agir. Alors que la France n'est vraiment pas un pays de quotas, celui-ci a montré son efficacité. Et par voie de conséquence, notre pays réfléchit aujourd'hui dans ses instances gouvernementales, patronales et associatives à étendre la logique des quotas aux comités de direction. En serions-nous là si nous avions péniblement atteint un niveau de 25 % au lieu des 40 % imposés par la loi ? Rien n'est moins sûr.

Notons enfin que l'impact des sujets mixité dans l'entreprise s'étend peu à peu à d'autres pans de la diversité. Reprenons le cas du congé paternité. La loi le prolongeant à quatre semaines concerne les pères, quel que soit le statut conjugal des deux parents et autant les enfants « naturels » qu'adoptés. Sans le dire explicitement, la loi étend donc cette mesure aux couples homosexuels, ce qui est un bond considérable pour la cause LGBTQ+.

Conclusion

L'entreprise est aujourd'hui un acteur majeur et incontournable de la mixité. Ce qui se joue dans ses murs modifie la posture et les représentations de ses acteurs en interne, recadre le positionnement de toutes ses parties prenantes et sert de laboratoire pour penser les enjeux sociétaux et politiques de demain. En retour, elle se modifie par toutes ces évolutions dans un élan rebond. On peut donc compter sur elle pour faire bouger les lignes à l'intérieur comme à l'extérieur dans un va-et-vient permanent. La raison en est simple : tandis que la mixité n'est qu'une option dans la vie privée, elle s'impose comme une nécessité dans l'entreprise. Mais une nécessité aussi profitable au bien-être individuel qu'à la performance collective.

CE QU'EN PENSENT LES DIRIGEANT.E.S

Céline Lazorthes, Sista

« Il y a dix ans, on parlait de la rareté des femmes dans les métiers de la tech et dans les instances dirigeantes, mais je n'entendais même pas le mot "mixité" émerger. Là où c'est devenu un courant et une prise de conscience, c'est dans les entreprises et par la RSE, ce qui m'amuse beaucoup de savoir qu'on est accolé au bilan carbone ! J'ai l'impression qu'il y a eu ensuite différents courants et une ambition non déclarative et plus comptable. On s'est mis à "compter les femmes pour que les femmes comptent" et ça a fait beaucoup de sens. On a entamé cela notamment avec le collectif Sista, que j'ai initié avec Tatiana Jama en 2018. Et ça a porté ses fruits parce qu'on l'a vu émerger chez les femmes du cinéma, chez les féministes au sens large. Finalement, c'était ça notre ambition, qu'il y ait une prise de conscience collective et pour ça, il faut que la société soit interpellée dans son intégralité. »

Stéphane Pallez, FDJ

« Symboliquement, chaque 8 mars (Journée internationale des droits des femmes), j'offre un livre lié à ce thème à l'ensemble des salariés. C'est une occasion de dialoguer et de débattre. La première année, un collaborateur m'a dit : "Merci pour ce livre. Non seulement je l'ai lu, mais je l'ai fait lire à ma femme et à mes filles, et nous en avons parlé à la maison." Je me suis dit que je n'avais pas perdu mon temps. »

Carlo Purassanta, Microsoft France

« En prenant la tête de Microsoft Italie en 2013, me replonger dans la culture de mon pays natal a été un double choc : pour la filiale d'abord, puisque la culture "mixité" était en retard et que je n'ai pas eu d'autre choix que de devenir militant, et pour la société aussi, puisque nous sommes devenus la première entreprise locale ayant une parité 50/50. Cela m'a propulsé comme rôle modèle dans des tables rondes avec les ministres, m'a fait lancer l'initiative Nuvola rosa (Nuage rose) rassemblant 1 000 jeunes filles et des femmes exemplaires, afin de lever des vocations scientifiques et techniques. Quelle fierté de contribuer à propager la confiance ! Toutes nos actions diversité, nous les partageons avec nos partenaires business. »

Emmanuelle Quilès, Janssen

« On est extrêmement fiers du congé paternité : depuis quatre ans on propose huit semaines rémunérées. Ils trouvent ça génial ! Si vous ne le prenez pas, vos collègues n'ont pas une bonne image de vous. Mais les patrons de service réagissent mal lorsqu'ils ont un collaborateur qui dit : "Je pars pour deux mois." Tu ne peux pas faire plus la tête que quand une femme est enceinte. Quand le Chairman annonce une mesure comme celle-là, ça calme tout le monde et ça ne dépend plus du bon vouloir du manager. »

Chapitre 16

S'INSPIRER DE LA FAÇON DONT ON AGIT AILLEURS

ARMELLE CARMINATI-RABASSE ET ANNE-LAURE HUMBERT

Comment éviter les poncifs sur l'herbe forcément plus verte ailleurs, en décortiquant précisément les bonnes pratiques, légendaires ou moins connues, collectées « ailleurs » (dans d'autres pays) ou « autrement » (pour d'autres formes de diversité) ?

L'herbe y est-elle vraiment plus verte ?

Il aura fallu les quinze chapitres qui précèdent pour explorer les multiples facettes de la problématique femmes-hommes en entreprise. Le risque serait de se quitter sans ouvrir le champ d'inspiration au-delà. Puisque l'esprit d'innovation est six fois plus élevé dans les cultures d'entreprises dites « inclusives[22] », alors appliquons ici le b.a.-ba des pratiques innovantes : ouvrons nos horizons à ce qui se fait de plus efficace ailleurs, que ce soit dans d'autres pays ou pour d'autres facettes de l'égalité des chances. Certes, il serait naïf de penser pouvoir extraire puis additionner des pratiques hors sol sorties de leur contexte géographique, démographique, historique, politique ou culturel. Néanmoins, l'examen des remèdes

---

22 Étude Accenture « Getting to Equal 2019 : Creating a Culture That Drives Innovation » : www.accenture.com/us-en/about/inclusion-diversity/gender-equality-innovation-research

testés ailleurs est forcément riche d'enseignements, et contrairement à l'idée répandue, ce ne sont pas toujours les pays nordiques qui gagnent sur tous les tableaux ! Après tout, chaque entreprise est singulière, et façonner un programme mixité est toujours une alchimie en perpétuel re-dosage.

Mettre de l'ordre à l'Intérieur… et commencer par régler les comptes !

Il aura fallu quarante-six ans pour que le législateur français dégaine en mars 2019 son index dit « Pénicaud[23] ». Sans doute a-t-il fini par se lasser d'attendre l'égalité salariale promise… Relevant de manière symptomatique de la question simple à régler mais hypocrite à traiter (celle ou celui qui ne demande rien n'a… rien !), les écarts de rémunération persistent dans tous les pays et pour deux raisons essentielles : la part « expliquée » due au fait que les femmes travaillent davantage à temps partiel et sont surreprésentées dans les secteurs les moins rémunérateurs ; la part « inexpliquée » liée selon l'OIT aux « interruptions de carrière liées à la maternité, réductions du temps de travail, moins bonne rémunération des postes permettant de concilier vie professionnelle et vie familiale, ou décisions de promotion stéréotypées à l'échelon de l'entreprise ». En France, l'écart de rémunération s'élevait à 16,5 % en 2019, légèrement au-dessus des 14,1 % de l'UE[24]. Mais les chiffres officiels étant basés sur la rémunération horaire brute moyenne des salariés, ils sous-estiment grandement la réalité liée au fait que les femmes travaillent davantage à temps partiel[25]. Et, par combinaison des écarts tout au long de la vie, l'inégalité s'amplifie encore au moment

---

23 www.gouvernement.fr/index-de-l-egalite-femmes-hommes-comment-ca-marche

24 https://ec.europa.eu/eurostat/statistics-explained/index.php/Gender_pay_gap_statistics

25 En 2018, les femmes travaillant à temps partiel en France gagnent en moyenne 2 486 euros par mois, à comparer à 3 173 euros pour les hommes à temps plein, soit un écart de près de 22 %. https://ec.europa.eu/eurostat/web/main/data/database : earn_ses_monthly

des retraites où la France observe un écart de 30,7 % entre femmes et hommes[26].

Même perfectible[27], l'index français a outillé les entreprises d'une toise qui éclaire les angles morts. Ainsi, bien des chefs d'entreprise ont découvert le problème faute d'avoir voulu/su faire parler leurs chiffres auparavant. Et il a même fait école dans les groupes internationaux qui y voient un moyen arithmétique homogène de calibrer les différences salariales dans tous leurs pays, même ceux non soumis à une obligation légale.

Au niveau international, les pays testent des méthodes variées dont les impacts finissent néanmoins par tous suivre le même chemin. À savoir : 1) stupeur à la découverte des premiers résultats ; 2) protestations ; 3) progrès ; 4) stagnation s'il n'y a pas de système de sanctions.

> Depuis 2018, le Royaume-Uni exige la publication des écarts de rémunération pour les entreprises de plus de 250 salariés, accompagnée d'une explication narrative et d'un plan d'action[28]. Ils couvrent salaires + bonus et sont désagrégés par quartiles. Cependant, ces mesures ne prennent pas en compte la ségrégation verticale (femmes sous-représentées dans les postes seniors) ou horizontale (femmes et hommes représentés dans différents secteurs, tels le marketing, les RH). De ce fait, impossible de mesurer la rémunération pour un travail de « même valeur ».

> L'Islande pratique également l'inversion de la charge de la preuve. Depuis janvier 2018, il ne revient plus aux salarié.e.s de prouver

---

26 https://ec.europa.eu/eurostat/en/web/products-eurostat-news/-/ddn-20210203-1
27 Par exemple, l'index français ne cible pas toutes les composantes de la rémunération des hauts dirigeants, évacuant des instruments puissants tels que les bonus différés ou les attributions de titres cotés. Autre point de vue intéressant sur les choix de présentation des écarts : https://www.50-50magazine.fr/2021/01/06/chronique-meditative-dune-agitatrice-ecarts-de-revenus-entre-les-sexes-quand-de-simples-calculs-mathematiques-meritent-notre-vigilance/
28 https://www.gov.uk/government/collections/gender-pay-gap-reporting

la discrimination en raison de leur genre. C'est aux entreprises de démontrer que, si écart de salaire il y a, le genre n'y a aucune part[29]. Les agences gouvernementales et les PME de plus de vingt-cinq salariés sont contraintes d'obtenir un certificat officiel prouvant leur politique égalitaire en la matière. À défaut, les employeurs islandais doivent s'acquitter d'une amende.

> À l'inverse, l'Allemagne (en retard sur le reste de l'UE avec 21 % d'écarts en 2015) a opté en juillet 2017 pour la logique de la transparence individuelle. Dans les entreprises de plus de 200 employés, une salariée peut demander à sa direction le niveau de salaire d'au moins six employés du sexe opposé et de fonction comparable. Les sociétés de plus de 500 salariés sont en outre contraintes de publier régulièrement un état des lieux des écarts salariaux en fonction du genre. Cela étant, elles n'encourent aucune sanction.

> L'étage européen est à son tour tenté de renforcer les obligations de transparence collective. Sous l'impulsion de la présidente de la commission Ursula von der Leyen, un projet de directive est à l'étude[30] ciblant le « travail de valeur égale » assorti de sanctions.

Travailler mieux, pas forcément moins

Dans une France chantre de la natalité et du présentéisme (donc victime autodésignée de l'absentéisme...), le dilemme du temps de travail est symptomatique. Otage du dialogue social surcodifié par le législateur, il a fossilisé des usages devenus traquenards. C'est le cas par exemple des quatre cinquièmes. Couramment utilisé par les femmes[31], ce type de temps partiel augmente considérablement

---

29 https://hbr.org/2021/01/how-iceland-is-closing-the-gender-wage-gap

30 www.europarl.europa.eu/cmsdata/231668/NL%20March%202021%20V03.pdf

31 Suzan Lewis et Anne-Laure Humbert, « Work-Life Balance, Flexible Working Policies and the Gendered Organization », *Equality, Diversity and Inclusion, An International Journal*, mars 2010, vol. 29, n° 3, p. 239-254.

les écarts de salaire et de retraite, tout en entravant l'innovation sociale à l'heure où chacun aspire au sur-mesure. En effet, la réduction du temps de travail ne concerne pas seulement la transition vers l'emploi à temps partiel, mais inclut aussi la possibilité de condenser le travail sur une période plus courte, voire de le partager à plusieurs.

Ainsi, certaines entreprises de la Tech ont adopté la semaine de quatre jours avec réduction horaire, mais sans baisse des salaires ni de la charge de travail[32]. En 2015, la ville suédoise de Göteborg a expérimenté la journée de six heures. Le bilan montre des résultats certains en matière de bien-être au travail et de moindre recours aux arrêts maladie. Cependant, on déplore les coûts générés ainsi que l'intensification du travail pour les postes où les tâches empiètent plus facilement sur la sphère privée (typiquement, les cadres[33]).

Organiser le travail autrement n'a jamais été aussi pertinent que depuis la crise de la Covid-19, période où les confinements ont donné lieu à une superposition intenable des tâches pour de nombreuses personnes et un rééquilibrage au sein du couple pour de rares autres[34]. Une fois dépassées les considérations tatillonnes pour savoir à qui le temps libéré « profite » (moins de temps de trajet, c'est plus de productivité ou plus de loisirs ? Plus de virtuel, c'est plus d'autonomie ou plus de surveillance ?), force est de constater que la tendance répond aux attentes des jeunes générations, des non-urbains, des couples avec enfants et des mal-logés. En résumé, elle concerne une grande part des profils et est donc probablement là pour durer…

---

32 Alex S.K. Pang, Sh*orter : how working less will revolutionise the way your company gets things done*, Penguin Business, 2020.

33 www.bbc.com/news/business-38843341

34 www.lesnouvellesnews.fr/confine-e-s-et-egaux-en-menage-ca-arrive/

Ces transformations représentent un challenge pour les entreprises agiles, car elles se heurtent à la complexité du système français. Par exemple, la législation sur les trente-cinq heures hebdomadaires ou les onze heures de repos consécutif empêchent la proposition de plages de travail compactes donc plus longues, même aux salariés qui le préféreraient. Enfin, les règles encadrant la prise de congés annuels limitent la possibilité de satisfaire ceux qui préfèrent le « hors saison », le fractionnement ou la prise irrégulière d'une année sur l'autre.

Loin de ce modèle, l'exemple très médiatisé[35] de l'entreprise nord-américaine Best Buy reste l'une des politiques de flexibilité les plus convaincantes sur le long terme. En 2003, le groupe a lancé le projet ROWE, pour « *Results-Only Work Environment* » autorisant une autonomie totale en échange d'une responsabilité totale. Cette approche a apporté des bénéfices tant aux individus (sommeil, santé, moral) qu'à l'entreprise (productivité en hausse de 41 %, turnover en baisse de 90 %). Même si la crise économique mondiale a conduit la nouvelle direction à abandonner le projet en 2014, les usages pris pendant onze années restent ancrés et l'entreprise demeure classée parmi les meilleurs employeurs 2021[36].

En regard, l'un des rares exemples récents en France vient de l'assureur-santé Alan[37] (350 salariés fin 2020) réputé sans manager, sans négociation salariale (même à l'embauche), sans réunion, avec vacances illimitées, congé paternité allongé à cinq semaines et maternité à vingt semaines. L'entreprise revendique « 36 % de femmes ou personnes non binaires » et affirme se battre pour rééquilibrer aussi la filière ingénieur. Initiative à suivre sur le long terme.

---

35 www.slate.fr/story/89767/votre-presence-au-bureau-plus-obligatoire
36 https://reviews.canadastop100.com/top-employer-best-buy?lang=fr
37 https://start.lesechos.fr/amp/1175415

Les quotas, symboles de la méritocratie transparente

Au motif de la juste représentation citoyenne, il existe une longue tradition de quotas dans le monde politique : le Parlement rwandais bat ainsi tous les records avec le meilleur taux de féminisation au monde (61 %), avec une réelle volonté politique et en reconnaissant dans la Constitution, adoptée en 2003, non seulement l'égalité entre femmes et hommes, mais aussi « l'attribution d'au moins 30 % des postes aux femmes dans les instances de prise de décision de l'État[38] ». Cependant, les quotas continuent de faire polémique dans les entreprises, même si certains s'interrogent : pourquoi persister à louer un système « parfait » (la méritocratie) qui livre des résultats systématiquement bancals alors que le vivier de talents est équilibré (autant de femmes que d'hommes bien diplômés) ? Inévitablement, le législateur a dégainé les obligations devant tant d'inertie.

La Norvège a été pionnière en 2006 en créant des quotas de 40 % de femmes dans les conseils d'administration des plus grandes entreprises cotées[39]. A suivi un effet d'entraînement en Europe avec des quotas en Allemagne, Belgique, Espagne, France, Islande, Italie et Pays-Bas[40]. L'Union européenne a elle-même considéré la création d'une Directive sur les quotas en 2011, mais l'idée a été rejetée en 2014. Le sujet a été remis sur la table en 2017[41], puis de nouveau par la commissaire Dalli en 2020[42].

---

38 https://www.bastamag.net/En-Afrique-aussi-le-combat-pour-l-egalite-entre-femmes-et-hommes-avance

39 http://nordiclabourjournal.org/artikler/forskning/research-2015/article.2015-05-20.3011019632

40 Anne-Laure Humbert, Elisabeth K. Kelan, Kate Clayton-Hathway, « A rights-based approach to board quotas and how hard sanctions work for gender equality », *European Journal of Women's Studies*, juin 2019, vol. 26, n° 4, p. 447-468. doi : 10.1177/1350506819857125

41 https://www.theguardian.com/world/2017/nov/20/eu-to-push-for-40-quota-for-women-on-company-boards

42 www.theguardian.com/world/2020/mar/05/eu-revives-plans-for-mandatory-quotas-of-women-on-company-boards

Pour autant, la notion de quotas couvre un large spectre d'obligations dont les effets sont loin d'être mécaniques. Au niveau européen, il a été démontré qu'ils sont efficaces uniquement s'ils sont associés à des sanctions dites « dures[43] », alors que les codes de gouvernance ne sont efficaces que si la culture d'égalité du pays est avancée. Si celles-ci sont trop douces, elles produisent des résultats à peine meilleurs qu'en l'absence totale de mesures[44]. Cela conduit à penser que le risque réputationnel ne fera bouger que les entreprises avancées en matière de culture d'égalité.

En France, la loi Copé-Zimmermann de 2011, avec ses quotas assortis de sanctions, a permis aux femmes d'occuper 45 % des sièges des conseils d'administration du CAC 40[45], et ce sans qu'aucune sanction n'ait eu à être brandie, même si la promulgation de la loi fut accueillie avec scepticisme. Au-delà de ces grandes entreprises très exposées dans les médias, le Haut Conseil à l'égalité constate néanmoins que le compartiment des entreprises moins visibles est en retard sur la loi[46] : 34 % en deçà du SBF 120 et à peine 17 % sur AlterNext (sans compter le manque patent de données en deçà...). En outre, le ruissellement espéré à l'étage des comités les plus stratégiques n'a pas eu lieu[47]. Au point que plus de cent réseaux de femmes cadres et quelques rares chefs d'entreprise ont appelé en janvier 2021 à la mise en place de ces mêmes quotas au niveau CoDir et ComEx[48]. La proposition de loi Rixain pour des quotas dans les instances dirigeantes a d'ailleurs été votée à l'unanimité à l'Assemblée nationale le 12 mai 2021 et reste à passer au Sénat.

---

43 Notamment financières ou de gouvernance (invalidité des décisions ou non-paiement des jetons, par exemple).

44 Anne-Laure Humbert, Elisabeth K. Kelan, Kate Clayton-Hathway, « A rights-based approach to board quotas... », *op. cit.*

45 www.alternatives-economiques.fr/rachel-silvera/loi-cope-zimmerman-larbre-cache-foret-inegalites/00095372

46 www.haut-conseil-egalite.gouv.fr/IMG/pdf/livret_-_10_ans_loi_cope-zimmermann-2.pdf

47 www.haut-conseil-egalite.gouv.fr/IMG/pdf/livret_-_10_ans_loi_cope-zimmermann.pdf

48 www.lejdd.fr/Economie/tribune-la-relance-doit-etre-paritaire-par-120-responsables-de-reseaux-feminins-et-entrepreneurs-4021919

En écho à cette thrombose des instances de direction, les tentatives « spontanées » se multiplient pour temporiser face aux quotas avec sanctions. Ainsi, le code de gouvernement d'entreprise AFEP–MEDEF (révisé en janvier 2020[49]) propose à ses membres d'autodéterminer leurs propres objectifs. Seule obligation, qu'elles les rendent publics en assemblée générale annuelle et qu'un plan d'action soit initié en cas de résultats insuffisants. Dans la foulée, quarante et un dirigeants du SBF 120 ont publié un engagement matérialisant cette recommandation AFEP–MEDEF. Il vise à horizon 2027 ou 2030 un minimum de 30 % de femmes dans les 10 % de postes à plus forte responsabilité[50].

Adepte de quotas plus souples, le Royaume–Uni montre une trajectoire où la simple menace a parfois opéré, mais moins vigoureusement qu'en France. Mise en place en 2010, la « Davies Review » a atteint cinq ans[51] plus tard son objectif de 25 % de femmes dans les conseils des FTSE 100. Autre avancée en 2020 avec la « Hampton–Alexander Review[52] » qui visait cette fois 33 % de femmes dans les conseils des FTSE 350. Bémols de taille, auxquels le gouvernement britannique semble vouloir remédier dans sa révision prévue pour 2021 : la représentation féminine continue à manquer dans les comités exécutifs : 26,5 % dans les FTSE 100 et 21,7 % dans les FTSE 250[53] (France : 22 % dans le CAC 40).

Ne pas négliger la part invisible de l'iceberg… la parentalité équilibrée

Dans une France fière de sa natalité, l'exercice de la parentalité est resté bien traditionnel. En dépit d'une réforme censée rendre le

---

49 https://afep.com/wp-content/uploads/2020/01/Code-Afep_Medef-révision-janvier-2020_-002.pdf

50 www.lejdd.fr/Economie/exclusif-41-responsables-de-grandes-entreprises-sengagent-pour-la-parite-avec-des-objectifs-chiffres-4029809

51 www.gov.uk/government/publications/women-on-boards-5-year-summary-davies-review

52 www.gov.uk/government/publications/ftse-women-leaders-hampton-alexander-review

53 https://ftsewomenleaders.com/targets-progress/

congé parental plus incitatif pour les pères, moins de... 1 % d'entre eux en ont profité en 2020[54] ! Soyons attentifs aux effets de la loi promulguée le 1er juillet 2021 qui fait passer le congé paternité à vingt-cinq jours, dont sept obligatoires. Si cette mesure reste mal rémunérée et très déconsidérée par nos compatriotes masculins, d'autres pays parviennent à afficher des scores propres à nous rendre envieux. Ainsi, jusqu'à 40 % des hommes utilisent leur congé parental dans les pays nordiques ou le Portugal[55]. Ce succès est aussi dû à leur caractère non transférable puisqu'une partie du congé doit être prise par le père pour ne pas être perdue. Reste que cela ne suffit pas toujours... Au Japon et en Corée du Sud, une année entière de congé est réservée, mais peu d'entre eux en profitent. Même si le pourcentage a récemment triplé en Corée du Sud pour atteindre environ 13 %, les hommes craignent encore des répercussions négatives pour leur carrière et pour leur image[56].

Autre déclencheur efficace : assurer au moins la moitié de la rémunération antérieure des pères, quitte à ce que le congé pris soit plus court. En 2007, l'Allemagne a opté pour ce principe, mais en divisant la durée de deux à un an (allongé de deux mois si le père le demande). Selon un rapport du ministère allemand de la Famille, 25 % d'entre eux l'ont pris en 2010 contre seulement 3,5 % en 2006.

Cependant, ces effets restent pour la plupart cantonnés aux premiers mois de l'enfant et les hommes sont rapidement rattrapés par les normes sociales. Même dans les pays les plus avancés et même pour les jeunes générations, les belles intentions d'échapper aux stéréotypes font souvent long feu... L'injonction de dévotion au travail reste puissante, y compris dans les positions de pouvoir où persistent toutes sortes de peurs (déclassement, non-retour en cas de pause

---

54 www.lemonde.fr/societe/article/2021/04/07/moins-de-1-des-peres-prennent-un-conge-parental-malgre-une-reforme-en-2015_6075929_3224.html 1
55 www.oecd.org/gender/parental-leave-where-are-the-fathers.pdf
56 *Ibid.*

de carrière), poussant les pères à investir la sphère professionnelle bien plus que la sphère familiale (perçue comme fragile, puisque de plus en plus soumise au fléau du divorce, à 75 % déclenché par les femmes[57]).

Pour que les choses évoluent enfin, charge aux entreprises d'assurer une bonne rémunération des absences parentales et davantage de flexibilité dans leur implémentation. Un système permettant aux deux parents de se relayer à la maison grâce à deux temps partiels est notamment moins perturbant pour leurs employeurs respectifs qu'un long mi-temps demandé par la mère. Et il faut même aller au-delà en créant une culture où une organisation assouplie pour toutes et tous relève du courage managérial et non d'une problématique RH. Par exemple, à quand la désapprobation culturelle face à un père n'envisageant pas de quitter le bureau toutes affaires cessantes pour aller chercher son enfant malade à l'école ? Notons cependant que les confinements dus à la Covid-19 ont amorcé pour certains une petite révolution lorsqu'ils se sont retrouvés bien malgré eux en situation de paternité active et heureuse. Héritage durable ou parenthèse vite fermée ? Aux entreprises d'être vigilantes !

Le juste partage des tâches reste hors d'atteinte

Évoqué en ouverture dès le premier chapitre, le partage des tâches en France obéit encore à la tacite « règle des deux tiers » : aux femmes les deux tiers du temps domestique gratuit, aux hommes les deux tiers du travail rémunéré. À travers le monde, même les entreprises les plus volontaristes n'ont pas réussi à changer la donne. Leurs offres sont cantonnées au bien-être ou à la conciergerie, sans aller jusqu'à concerner le noyau dur des tâches chronophages,

---

57 Sylviane Giampino, *Les mères qui travaillent sont-elles coupables ?*, Albin Michel, 2000 ; *Pourquoi les pères travaillent-ils trop ?*, Albin Michel, 2019.

récurrentes et peu valorisées socialement. Citons notamment Google et ses repas gratuits, ses salles de sport ou ses massages sur le lieu de travail[58].

Les rares pays où les entreprises observent une forme de neutralité dans le temps consacré au travail sont les héritiers de particularismes historiques. Ainsi, en Afrique du Sud, une aide à domicile abondante est certes accessible à la plupart des cadres, mais cette pratique demeure ambivalente car la liberté d'agir de ces familles cristallise les inégalités en les reportant vers d'autres personnes, en général des femmes vivant dans des conditions plus précaires. De même, bien qu'abandonnée en 2016 et encore amoindrie en 2021, la politique de l'enfant unique en Chine a induit des rôles d'aidants pour les fils comme les filles de parents vieillissant sans retraite décente, provoquant des politiques d'entreprise accommodantes pour leurs salariés hommes comme femmes.

Contourner les « cultures ancestrales »

Dans les pratiques des métiers, des secteurs ou des communautés, on observe des usages évoluant plus vite que ce que la croyance commune le laisse supposer. Voici quelques exemples.

> Parce qu'il doit surmonter une dénatalité menaçante pour sa pérennité (amplifiée par la fermeture à l'immigration), le Japon s'est lancé depuis quinze ans dans une politique exigeante en faveur du taux d'emploi des femmes. Résultat, 71 % des femmes y travaillaient en 2019, soit davantage qu'au Danemark, en Finlande ou en Grande-Bretagne[59].

> Face au besoin de faire évoluer ses meilleurs talents féminins vers des positions managériales, Accenture Corée du Sud a consacré

---

58 www.businessinsider.com/googles-new-11-storey-office-in-londons-kings-cross-2016-6?r=UK
59 https://data.oecd.org/chart/5RAz

dès 2005 un budget dédié à ce sujet. Cela permet aux femmes cadres d'employer des aides à domicile... et tactiquement d'inviter leurs clients dans des bars à vin à l'occidentale sans être exposées aux « topless bars » traditionnels.

> Lorsqu'elle a été recrutée pour réformer l'École 42 (formation en informatique), Sophie Viger[60] a aussitôt cassé les codes geek. Adieu le jeunisme et sa limite de recrutement alors bloquée à 30 ans. Mais bonjour les quotas en verrouillant 40 % des candidatures pour les femmes. Et aussi bienvenue à l'inclusion pragmatique en installant des sèche-cheveux à la sortie des douches (car l'école organise des sessions non-stop durant 72 heures). À l'arrivée, le taux d'intégration des femmes a bondi de 7 à 30 % en deux ans.

Miser sur les résultats plutôt que sur les principes

Certes, la question des déséquilibres femmes-hommes présente ses particularismes. Mais elle ne doit pas se priver pour autant d'emprunter leurs meilleures techniques aux autres communautés qui se battent pour plus d'égalité. Ainsi, bien que minoritaire numériquement, la communauté LGBTQ+ est très efficace pour se positionner en tant qu'interlocuteur business de premier rang. On notera avec intérêt sa stratégie de réseau à travers une logique d'« alliés » formels qui démultiplie la portée de ses actions. Et les entreprises sont d'ailleurs friandes de ces initiatives capables de porter des revendications au bénéfice de tous, plutôt que pour un groupe particulier.

Autre illustration pragmatique, l'utilisation appropriée de l'ombrelle « Inclusion & Diversité » pour faire bouger les lignes : avant

---

60 www.forbes.fr/femmes-at-forbes/sophie-viger-la-developpeuse-numero-un-de-42/?amp

même que l'Inde légifère pour faire cesser fin 2015 la criminali-sation de l'homosexualité dans le pays, les entreprises d'obédience occidentale avaient toute latitude pour animer des communautés LGBTQ+ en leur sein et faire appliquer des règlements internes non discriminants. Ainsi les programmes mixité femmes-hommes seraient inspirés de ne pas s'égarer dans les débats sur la « dilution » ou pas de leurs efforts dans les autres diversités, pour mieux adopter les pratiques d'inclusion efficaces.

Conclusion

Comme le montre ce rapide tour d'horizon, nombreux sont les mécanismes qui peuvent accélérer de manière très concrète l'enjeu de mixité au service du collectif. À chaque entreprise de renouveler ses outils, de les emprunter ou de les abandonner pour d'autres au gré des fluctuations sociétales ou stratégiques. Le tout avec plasticité et inventivité.

CONCLUSION

L'entreprise vit une période à la fois formidable et tempétueuse. La société tout entière est bousculée sur ses bases historiques et culturelles en ce qui concerne l'égalité entre les femmes et les hommes. Les quotas de mixité et les initiatives de tout ordre, la déferlante polémique #MeToo, l'allongement du congé paternité, la dynamique du « oser être soi », la redéfinition des styles attendus de leadership sont autant d'élans qui affectent nos entreprises, à la fois actrices et moteurs de ces changements. Et si nous sommes à l'aube d'une vraie (r)évolution, cela ne peut pas se faire sans freins, sans tâtonnements et sans controverses. Il est donc difficile d'y voir clair et de faire les « bons choix » pour aller vers une mixité dédramatisée, apaisante et enfin génératrice de performance collective.

Le futur ne peut se lire que dans l'analyse d'un passé dont il ne faut pas faire le procès, tant les actions et les choix passés se sont inscrits dans un contexte conditionné, à chaque étape, par des besoins changeants. Il faut lire attentivement une page avant de la tourner.

Nous avions deux objectifs avec ce livre pour décrypter l'évolution du sujet de la mixité dans les entreprises. Le premier était de faire un état des lieux du bouillonnement sociétal pour prendre du recul, comprendre et penser des postures adaptées et conformes aux attentes identifiées. Comprendre, par exemple, que s'il a été nécessaire de passer par une étape centrée sur les femmes, puis par celle de l'engagement des hommes, cela a pu cristalliser une guerre des sexes jamais totalement éteinte et prête à reprendre à la moindre étincelle. Comprendre également qu'un recadrage « business » de la question de la mixité femmes-hommes est désormais nécessaire.

Le second objectif était de donner des propositions concrètes d'actions aux dirigeantes et dirigeants, managers, RH, collaborateurs et collaboratrices de l'entreprise pour parler et agir autrement sur la mixité. Constater et comprendre ne suffit plus. Et pour guider, il nous a semblé important de faire des choix, tant pour parler de la mixité autrement à toutes les parties prenantes que pour agir à tous les étages de l'entreprise. C'est l'ensemble des acteurs et actrices qui doit agir de façon consonante pour rendre le discours acceptable et les actions crédibles.

Seize chapitres coécrits par des tandems parmi douze femmes et douze hommes, huit dirigeants femmes et hommes, une préface rédigée par un binôme mixte, c'est le collectif qui a été rassemblé pour exposer nos arguments et nos idées au service d'une mixité nouvelle vague. Nous espérons avoir réussi ce pari d'une vision crédible et incarnée par des conseils permettant aux entreprises de bien négocier ce virage délicat mais ouvrant un horizon enthousiasmant.

Armelle Carminati-Rabasse,
Marie-Christine Mahéas et Patrick Scharnitzky

BIBLIOGRAPHIE

ACCENTURE, Getting to Equal 2019 : Creating a Culture That Drives Innovation, étude 2020.

ARIELY Dan, *C'est vraiment moi qui décide ?*, Flammarion, 2016.

AVIVA, *Naissance, adoption : Aviva France première entreprise en France à proposer 10 semaines de congés de parentalité à ses salarié.e.s*, 2017.

BAUDOUIN Elise, WIZMAN Ariel, *Pop féminisme – Des militantes aux icônes pop*, Arte, 2020.

BELLIL Samira, *Dans l'enfer des tournantes*, Denoël, 2002 (Réédition Folio, 2003).

BOFFEY Daniel, « EU to push for 40 % quota for women on company boards », *The Guardian*, 2017.

BOHNET Iris, *What Works*, Harvard University Press, 2016.

BOSTON CONSULTING GROUP, IPSOS, *Crise de la Covid-19 : Un retour en arrière pour la parité hommes femmes au travail ?*, 2021.

BOSTON CONSULTING GROUP, *études Gender equality*.

BRUNA Maria Giuseppina, « Dynamique de changement, exercice de la réflexivité et apprentissage managérial dans la conduite d'une démarche transformationnelle de diversité », *La Revue des sciences de gestion*, n° 281–282, 2016, p. 121–136.

BRUNA Maria Giuseppina, « Du diagnostic stratégique à l'alignement : explorer les conditions d'efficience d'une démarche RSE », *Gestion 2000*, vol. 37, n° 9, 2000, p. 67-85.

BRUNA Maria Giuseppina, DUCRAY Luc-Frédéric, MONTARGOT Nathalie, « Décrypter les ambiguïtés de la société post-moderne pour penser la morphologie de l'entreprise de demain. Une illustration réticulaire », *Management & Sciences sociales*, n° 23, 2017, p. 64-85.

BRUNA Maria Giuseppina, DUCRAY Luc-Frédéric, MONTARGOT Nathalie, « Faire face aux défis de la post-modernité au travail : les réseaux intra-organisationnels, espaces d'agilité, fabrique d'innovation et laboratoires d'inclusion » in E. BONNEVEUX, A. HULIN, F. GAVOILLE et T. LEBÈGUE (dir.), *DRH, RSE et Emplois : vers de nouvelles approches inclusives*, Vuibert, 2019, p. 147-172.

CHAMORRO-PREMUZIC Tomas, *Why Do So Many Incompetent Men Become Leaders ? (And How to Fix It)*, 2019.

CHARMES Jacques, *Unpaid Care Work and the Labour Market*, Time-Use Surveys, 2020.

COLLECTIF, « Nous défendons une liberté d'importuner, indispensable à la liberté sexuelle », Tribune, *Le Monde*, 9 janvier 2018.

CONFÉRENCE DES GRANDES ÉCOLES, *Livre blanc égalité femmes-hommes : de la déclaration d'intention à l'expérimentation*, 2020.

CORAZZA Chiara, *Les femmes au cœur de l'économie*, rapport, janvier 2020.

CROIZET Jean-Claude, LEYENS Jacques-Philippe, *Mauvaises réputations : réalités et enjeux de la stigmatisation sociale*, Armand Colin, 2003.

DAMIAN-GAILLARD Béatrice, SAITTA Eugénie, « Féminisation du journalisme : encore un effort pour la parité et l'égalité ! », mars 2019 – https://larevuedesmedias.ina.fr/feminisation-du-journalisme-encore-un-effort-pour-la-parite-et-legalite.

DETERT Jim, *Choosing Courage*, Harvard Business Review Press, 2021.

DOLAN Paul, FOY Chloe, SMITH Sophie, << The SALIENT Checklist : Gathering up the Ways in Which Built Environments Affect What We Do and How We Feel >>, *Buildings*, mars 2016.

DUTROP Violaine, << Chronique méditative d'une agitatrice : Écarts de revenus entre les sexes, quand de simples calculs mathématiques méritent notre vigilance >>, *50-50 Magazine*, 2021.

EDMONSON Amy, *The Fearless Organization*, Wiley, 2018.

EUROSTAT, *Gender Pays Statistics*.

EUROSTAT, *Closing the gender pension gap ?*, 2021.

FABRE Marina, FRICOT Pauline, *Journée internationale des droits des femmes : comment le télétravail freine la carrière des femmes*, 2021.

FONDATION WOMEN INITIATIVE FOUNDATION, *Étude européenne sur les stéréotypes et la perception de la mixité dans les grands groupes*, 2017.

GIAMPINO Sylviane, *Les mères qui travaillent sont-elles coupables ?*, Albin Michel, 2000.

GIAMPINO Sylviane, *Pourquoi les pères travaillent-ils trop ?*, Albin Michel, 2019.

GIGERENZER GERD *et al.*, *Classification in the Wild*, The MIT Press, 2020.

GOUVERNEMENT BRITANNIQUE, *Collection Gender pay gap reporting*, Rapport 2020.

GOUVERNEMENT BRITANNIQUE, *FTSE women leaders : Hampton-Alexander review*, 2016.

GOUVERNEMENT BRITANNIQUE, *Improving the Gender Balance on British Boards, women on boards*, « Davies Review », five year summary, 2015.

GOUVERNEMENT FRANÇAIS, *Index de l'égalité femmes-hommes : comment ça marche ?*, 2018.

HALIMI Gisèle, « Le "complot" féministe », *Le Monde diplomatique*, août 2003.

HALPERN Gabrielle, *Tous Centaures*, Le Pommier, 2020.

HAMPTON-ALEXANDER REVIEW, « FTSE Women Leaders », *Harvard Business Review*, 2020, p. 127.

HARVARD BUSINESS REVIEW – https://hbr.org/2020/03/the-key -to-inclusive-leadership.

HAUT CONSEIL À L'ÉGALITÉ ENTRE LES FEMMES ET LES HOMMES, *10 ans de la loi Copé-Zimmermann 2011-2021*, Rapport 2021.

HÉRITIER Françoise, *Masculin/Féminin, La pensée de la différence*, Odile Jacob, 1996.

HUMBERT Anne-Laure, KELAN Elisabeth K., CLAYTON-HATHWAY Kate, « A rights-based approach to board quotas and how hard sanctions work for gender equality », *European Journal of Women's Studies*, vol. 26, n° 4, juin 2019, p. 447-468.

IFOP, SOCIÉTÉ FONCIÈRE LYONNAISE (SFL), *Bureaux, l'heure de vérité. Après la crise, où travaillerons-nous demain ?*, 2020.

IMS ENTREPRENDRE POUR LA CITÉ, *Stéréotypes de genre, comprendre et agir dans l'entreprise*, guide pratique, 2012.

INA ET CSA, *La représentation des femmes à la télévision et à la radio*, rapport 2020.

JOURNAL DU DIMANCHE, « 41 responsables de grandes entreprises s'engagent pour la parité, avec des objectifs chiffrés », 7 mars 2021.

JOURNAL DU DIMANCHE, « Égalité femmes-hommes : l'appel de neuf responsables de grandes entreprises », 22 août 2020.

JOURNAL DU DIMANCHE, « La relance doit être paritaire : l'appel à Macron de 120 responsables de réseaux féminins et entrepreneurs », 30 janvier 2021.

KAHNEMAN Daniel, *Système 1, Système 2 : les deux vitesses de la pensée*, Flammarion, 2012.

KPMG, *Women's Leadership Study*, 2019.

LEDOUX Clémence, THUILLIER Benoît, « Du travail domestique masculin au travail domestique des hommes », *Terrains & travaux*, vol. 10, n° 1, 2006, p. 56-76., enquête publiée par l'Ugict-CGT, mai 2020.

L'EXPRESS, « Peut-on être un homme féministe ? », par Charlotte LAZIMI, 14 février 2016, p. 126 – www.lexpress.fr/actualite/societe/peut-on-etre-un-homme-feministe_1761423.html.

LE MONDE ET AFP, « Moins de 1 % des pères prennent un congé parental, malgré une réforme en 2015 », 9 avril 2021.

LES NOUVELLES NEWS, « En 2020, la place des femmes dans les médias ne s'est pas réduite », mars 2021.

LES NOUVELLES NEWS, *Confiné.e.s et égaux en ménage ? Ça arrive !*, 2020.

LEWIS Suzan et HUMBERT Anne-Laure, « Work-Life Balance, Flexible Working Policies and the Gendered Organization », *Equality, Diversity and Inclusion, An International Journal*, vol. 29, n° 3, mars 2010, p. 239-254.

LINDAHL Björn, *Norway's female boardroom quotas : what has been the effect ?*, Nordic Labour Journal, 2015.

MAHÉAS Marie-Christine (dir.), *Mixité, quand les hommes s'engagent*, Eyrolles, 2015.

MALT, *Le freelancing en France en 2019*, étude, 2020.

MCKINSEY, *Women Matter – Time to accelerate – Ten years of insights into gender diversity*, 2017.

MEDEF, *Code de gouvernement d'entreprise des sociétés cotées*, 2020.

MIDENA Maurice, VIGER Sophie, « La Développeuse Numéro Un De 42 », *Forbes*, 2020.

MINISTÈRE DE L'ÉCONOMIE DES FINANCES ET DE LA RELANCE, *Entreprises, ce que vous devez savoir sur le télétravail*, 2021.

MINISTÈRE DE L'ENSEIGNEMENT SUPÉRIEUR DE LA RECHERCHE ET DE L'INNOVATION, *Compte rendu 6ᵉ journée nationale des missions égalité de l'Enseignement supérieur et de la Recherche (ESR)*, 2020.

OBSERVATOIRE DE LA MIXITÉ, « 6 mesures concrètes pour accélérer la Mixité dans les organisations », Livre vert de 2021.

OECD, *Parental leave : Where are the fathers ?*, policy brief, mars 2016.

OXFAM INTERNATIONAL, « Celles qui comptent », janvier 2020.

OXFAM FRANCE, *Pauvreté au travail, les femmes en première ligne*, rapport, 2018.

ORGANISATION INTERNATIONALE DU TRAVAIL (OIT), *Prendre soin d'autrui : Un travail et des emplois pour l'avenir du travail décent*, 2019.

PANG Alex S.K., *Shorter, How working less will revolutionise the way your company gets things done*, Penguin Business, 2020.

PICQ Pascal, *Une époque formidable, dialogue avec Denis Lafay*, Éditions de l'Aube, 2020.

POUR LES FEMMES DANS LES MÉDIAS, *Charte pour les femmes dans les médias*, 2019.

PWC, *Women in Work Index*, 2019.

RANKIN Jennifer, *EU revives plans for mandatory quotas of women on company boards*, The Guardian, 2020.

SANA Eros, *En Afrique aussi, le combat pour l'égalité entre femmes et hommes avance*, 2018.

SANDBERG Sheryl, *Lean In*, Knopf, 2013.

SAVAGE Maddy, *What really happened when Swedes tried six-hour days ?*, BBC, 2017.

SANTÉ PUBLIQUE FRANCE, *Rapport sur l'importance des 1 000 jours de l'enfant*, 2020.

SÉNAC Réjane, *Égalité sans condition*, éditions Rue de l'Échiquier, 2019.

SHEAD Sam, *Google is moving 2,500 staff into a new London office with a running track*, Insider, 2016.

SIVERA Rachel, « Loi Copé–Zimmermann : l'arbre qui cache la forêt des inégalités », *Alternatives économiques*, 28 janvier 2021.

SODEXO, *Étude sur la mixité femmes–hommes chez Sodexo*, 2018.

STEVENSON Seth, « Votre présence au bureau n'est plus obligatoire », Slate, 13 juillet 2014.

TISSERANT Pascal, *Pourquoi évaluer la perception des discriminations à l'université ?*, The Conversation, 31 mai 2018.

VAN REETH Adèle, « Le courage n'est pas un savoir mais une décision », France Culture, Les chemins de la philosophie, 5 février 2021.

VIDAL Catherine, *Le cerveau des femmes est-il fait pour les maths ?*, Le Pommier, 2012.

VIDAL Catherine, *Hommes-Femmes : avons-nous le même cerveau ?*, Le Pommier, 2012.

VIDAL Catherine, *Nos cerveaux, tous pareils tous différents. Le sexe du cerveau : au-delà des préjugés*, Belin, 2017.

WAGNER Ines, « How Iceland Is Closing the Gender Wage Gap », *Harvard Business Review*, 2021.

WORLD ECONOMIC FORUM, *Quel type de capitalisme souhaitons-nous vraiment ?*, 2019.

WIKIPÉDIA, « Les études de genre ».

YEREMA Richard, LEUNG Kristina, « L'une des organisations reconnues parmi les 100 meilleurs employeurs », 2021.

YEREMA Richard, LEUNG Kristina, « Les meilleurs employeurs en Colombie-Britannique », 2021.

REMERCIEMENTS

Les trois copilotes de cet ouvrage collectif tiennent à remercier les quatre dirigeantes et les quatre dirigeants qui ont accepté de se soumettre à leurs questions.

Nous remercions également les douze femmes et les douze hommes, d'horizons divers, qui nous ont fait confiance et qui ont joué le jeu de la coécriture des chapitres de ce livre.

Merci également à Frédéric Georges pour son travail de relecteur-lisseur et pour son aide à nouveau précieuse durant cette coordination.

Merci à Zakaria Sougrati pour son accompagnement logistique dans toutes les phases de ce travail, rôle parfois ingrat, animé par son engagement patent pour le sujet de la mixité femmes–hommes.

Merci enfin à Marie Donzel et Pete Stone pour les séances de casting en visio lors du premier confinement 2020, quand nous en étions aux prémices de ce à quoi ressemblerait cet ouvrage.

BIOGRAPHIE DES **CONTRIBUTRICES** ET **CONTRIBUTEURS**

Xavier ALBERTI

Président du groupe Majorian (Les Collectionneurs, Cadhi, JobHospitality), il a cofondé en janvier 2016 Jamais Sans Elles, mouvement féministe qui promeut, par la mise en place de chartes d'engagements, la mixité et l'égalité dans les entreprises, dans les corps d'État, et plus généralement dans la société. Humaniste, il défend une vision solidaire et apaisée de la société par ses engagements associatifs, humanitaires et par ses écrits.

Patrick BANON

Écrivain, essayiste, il est spécialisé en sciences religieuses et systèmes de pensée (École pratique des hautes études). Fondateur de l'Institut des sciences de la diversité, expert auprès de l'Association pour le progrès du management, membre du comité d'orientation du Club XXIe siècle, il a publié près d'une trentaine d'ouvrages sur l'histoire des religions, les questions de mixité, d'égalité des genres, de diversité culturelle ou de laïcité, dont *Osons la mixité*

(Prisma, 2015), Prix des femmes de l'Économie 2015, *Anti-manuel des religions* (Éditions de l'Observatoire, 2018), ou *Mieux comprendre la laïcité* (Éditions Bonneton, 2021).

Ingrid BIANCHI

Présidente fondatrice de Diversity Source Manager, cabinet de conseil en Stratégie RH et Diversité, elle est experte des enjeux diversité et mixité depuis 2004. Elle accompagne ses clients pour faciliter les étapes de transformation managériale et culturelle et pilote des dispositifs innovants en faveur de la diversité et de l'inclusion pour une meilleure performance des organisations. Elle est aussi administratrice du Club XXIe siècle, cofondatrice de l'AFMD (Association française des managers de la diversité), membre experte de l'Observatoire de la mixité et fondatrice du *think tank* Out of the Box.

Maria Giuseppina BRUNA

Directrice fondatrice de la chaire IPAG << Entreprise inclusive >>, elle est directrice de l'Éthique, de la RSE et de la recherche sociétale et membre de l'équipe dirigeante de l'IPAG Business School. Directrice scientifique du programme international Des femmes & des réseaux et du programme Diversité de l'IMT Mines Albi, elle siège au ComEx de la Fondation Engie Agir pour l'emploi. Son expertise en prospective des organisations, change management et RSE lui vaut des coopérations avec l'OCDE, le Forum international des transports, le PNUD, la Commission européenne et les ministères français du Travail et de la Cohésion des territoires.

Armelle CARMINATI-RABASSE

Ingénieure de Centrale (France) et Cornell (États-Unis), elle a exercé des responsabilités mondiales au sein d'Accenture comme directrice générale « Grande Distribution » et directrice générale « Capital humain & Diversité », puis chez Unibail-Rodamco (CAC 40) membre du directoire, directrice générale « Fonctions centrales ». Elle a fondé Axites-Invest, capital développement destiné à accélérer l'impact des entrepreneurs humanistes. Engagée, elle préside le comité Entreprise inclusive du MEDEF, fut personnalité qualifiée au Conseil supérieur de l'égalité professionnelle et à l'Observatoire de la laïcité, et cofondatrice du Laboratoire de l'égalité. Elle a coécrit *Pouvoir(e)s, les nouveaux équilibres femmes-hommes* (Eyrolles, 2012). Elle est chevalière de la Légion d'honneur.

Jean-Louis CARVÈS

Responsable de la stratégie « Diversité et inclusion » d'IBM en France depuis 2008, il voit la représentation équitable des femmes à tous les niveaux hiérarchiques et dans tous les domaines comme un enjeu essentiel d'équité, de cohésion et de performance. Longtemps seul homme au board du Cercle InterElles (premier réseau de réseaux mixité d'entreprises technologiques créé en 1999) et conscient de l'impact de cette représentation dans les enjeux technologiques et sociétaux, il est aussi engagé comme vice-président de l'association Digital Ladies & Allies et membre du board de HeHop, bras armé technologique de la lutte contre les violences faites aux femmes.

Marianne CONSTANS

Formatrice, comédienne et autrice. Après avoir travaillé cinq ans en Angleterre en Ressources humaines, elle devient formatrice sur les *soft skills* (prise de parole en public, biais cognitifs, etc.). En quatre ans, elle a formé plus de 2 000 personnes dans huit pays différents. Marianne a plus de vingt ans d'expérience théâtrale. Elle fait partie d'une troupe d'improvisation et a écrit son premier one-woman-show : *Incasable*. Marianne est aussi l'autrice de plusieurs ouvrages dont un livre autoédité pour enfants : *Luciole, les merveilles et la lune* (2021) qui parle d'inclusion et des biais cognitifs.

Inès DAUVERGNE HADDOUT

Experte Diversité et inclusion. Elle a été pendant onze ans la responsable expertise « Diversité » du réseau d'entreprises IMS. Elle a coordonné de nombreux programmes sur les stéréotypes, la mixité et la diversité. Experte auprès d'institutions et des pouvoirs publics, elle a été membre du groupe de travail interministériel sur les discriminations entre 2015 et 2017 et membre du GDT sur l'égalité réelle et l'inclusion auprès de LaREM en 2019. En 2018, elle cofonde Me And You Too, une start-up qui propose des autodiagnostics digitaux sur les comportements inclusifs et collaboratifs en entreprise et poursuit son action de conseil sur la diversité, la mixité et l'inclusion.

Viviane DE BEAUFORT

Professeure titulaire à l'ESSEC, docteure en droit européen. Directrice du CEDE, elle publie en droit européen de l'entreprise et en gouvernance publique et lobbying, membre et Advisor de plusieurs *think tanks*. Engagée de longue date sur la mixité, elle a fondé le programme de recherches et d'activités « Women Empowerment » à l'ESSEC dont la formation « Women Board Ready ». Elle est référente Égalité femmes-hommes pour la CGE. Passionnée par les générations Y et Z, elle a publié *Génération #Startuppeuse ou la nouvelle ère* (Eyrolles, 2017) et développe le Club génération #Startuppeuse qui accompagne des projets « Women TechforGood ». Chevalier du Mérite et de la Légion d'honneur, à 60 ans, c'est le devoir de transmission à la génération d'après qui la meut.

Yves DELOISON

Devenu journaliste et écrivain après une reconversion professionnelle radicale, il collabore à de nombreux titres *(Canard enchaîné, Pleine vie, Témoignage chrétien, L'Express...)*. Il est l'auteur de l'ouvrage *Il était une bergère* (Rouergue, 2020), dans lequel il aborde les enjeux agricoles. En 2021, il a réalisé « La jeune fille et la ferme » pour ARTE Radio, un documentaire sous forme de podcast qui interroge notamment la question du genre dans l'agriculture. Bien avant la révolution #MeToo, il a écrit *Pourquoi les femmes se font toujours avoir ?* et *L'homme, le nouveau sexe faible* (First, 2013 et 2014) sur les questions de genre et le poids des stéréotypes. Il est coauteur de *Non à la gynophobie* (Stock, 2016), un livre pour lutter contre les violences faites aux femmes, dirigé par la cinéaste Lisa Azuelos. Il a participé à la réalisation d'un documentaire sur les femmes en politique pour France Télévisions.

Marie DONZEL

Diplômée de Sciences Po Paris, elle a eu une première carrière dans l'édition littéraire avant de se lancer dans le conseil en innovation sociale. À la tête de son propre cabinet pendant huit ans, elle a rejoint AlterNego en 2018 comme directrice associée. Ses domaines d'expertise sont l'inclusion, l'innovation sociale, l'écosystème de parties prenantes et la qualité de la chaîne de valeur (achats responsables & équitables). Elle est autrice du Rapport EVE et Donzel sur le chiffrage de l'égalité professionnelle, coautrice de *Non à la gynophobie* (Stock, 2016), de *La sexualité est un jeu* (avec Martin Winckler, Flammarion, 2010) et de *7 Icônes de la pop culture pour comprendre le sexisme* (Fil rouge, 2019). Elle enseigne à Sciences Po Paris.

Mercedes ERRA

Diplômée d'HEC et de la Sorbonne, elle est spécialisée dans la construction et la gestion des grandes marques. L'agence de communication qu'elle a cofondée, BETC, est aujourd'hui la première agence française de publicité ; elle figure dans le Top 3 européen et est reconnue mondialement pour sa créativité. Mercedes Erra est engagée dans de nombreuses causes en faveur des femmes et des droits humains : le Women's Forum for the Economy and Society, qu'elle a cofondé, le Global Summit of Women ou encore la Commission Innovation 2030. Elle est également coprésidente du comité français de Human Rights Watch et a été membre du conseil consultatif pour l'égalité entre les femmes et les hommes de la présidence française du G7 en 2019. Elle est officier de la Légion d'honneur, officier dans l'Ordre national du Mérite et commandeur de l'Ordre des arts et des lettres.

Raphaël HADDAD

Raphaël Haddad est docteur en sciences de l'information et de la communication, fondateur et directeur associé de l'agence Mots-Clés. Engagé depuis plusieurs années sur les enjeux de communication non sexiste, il est administrateur de Com-Ent, première organisation des métiers de la communication. Attaché à la transmission de son métier, il est enseignant à Sciences Po Paris et à la Sorbonne.

Anne-Laure HUMBERT

Docteure en philosophie, professeure en genre et diversité et directrice du Center for Diversity Policy Research and Practice à Oxford Brookes University, elle a beaucoup travaillé sur le développement de méthodologies et d'indicateurs pour mesurer l'égalité de genre. Elle se spécialise dans l'application de méthodes quantitatives à l'analyse sociale et économique comparative. Parmi ses publications récentes, citons : « A rights-based approach to board quotas and how hard sanctions work for gender equality » (*European Journal of Women's Studies*, 2019) ; « From gender regimes to violence regimes : re-thinking the position of violence » (*Social Politics*, 2020) ou « Undoing the Nordic Paradox : factors affecting rates of disclosed violence against women across the EU » (PLOS ONE 2021).

Valérie LION

Rédactrice en chef à l'hebdomadaire *Le Pèlerin* (groupe Bayard) depuis décembre 2020, elle a auparavant travaillé durant seize ans à *L'Express*, où elle a occupé différents postes de rédaction en chef sur les sujets emploi, entreprises et économie. Elle s'intéresse depuis vingt-cinq ans à la question de la place des femmes dans le business et a lancé, en mai 2019, sur lexpress.fr, la plate-forme digitale « Somme Toutes – quand les femmes comptent, l'économie progresse ». Diplômée de Sciences Po Grenoble, Panthéon-Sorbonne, l'ESJ Lille et ESCP-Europe, Valérie Lion est membre du comité d'honneur de l'association Femmes des territoires, du conseil d'administration de la chaire FERE (Femmes et renouveau économique) de Grenoble École de Management, et du jury du prix des Entrepreneuses by Force Femmes.

Marie-Christine MAHÉAS

Française et Canadienne formée au *general management* à la Harvard Business School, elle est spécialisée en ingénierie des mathématiques appliquées à l'industrie et a occupé diverses directions exécutives dans le transport aérien ou ferroviaire (American Airlines/Sabre/SilverRail) et le voyage d'affaires (CWT). Elle est enseignante en Management en Master de l'école d'Affaires publiques à Sciences Po Paris. Engagée activement sur les questions de mixité femmes/hommes depuis quinze ans, elle étudie plus particulièrement le rôle des hommes et des dirigeant.e.s. Elle a coordonné et coécrit *Mixité, quand les hommes s'engagent* (Eyrolles, 2015). Elle copilote le *think tank* Observatoire de la Mixité et y anime un club de PDG engagé.e.s. Elle dirige aujourd'hui le Mazars Center for Diversity and Inclusion.

Didier RABITI

Titulaire d'un diplôme d'ingénieur BTP, il a réalisé sa carrière dans différentes filiales du groupe Bouygues. Arrivé dans la filière RH sur le sujet du handicap en 2005, pilote du premier accord agréé, il a pris à partir de 2012 la responsabilité de la politique « Diversité/Égalité des chances » de Bouygues Construction. Il a progressivement élargi ses fonctions en ayant la responsabilité de la démarche de certification « Top Employers Europe » pour Bouygues Construction et le pilotage des actions sociétales au sein de la fondation d'entreprise

Terre plurielle. Depuis le mois de décembre 2020, il a pris la responsabilité de la stratégie « Formation » et de la politique « Engagement humain » pour le pôle « Énergies et Services » de Bouygues Construction.

Maxime RUSZNIEWSKI

Avocat de formation, il intègre en 2012 le cabinet de la ministre des Droits des femmes où il est conseiller durant deux ans. Cofondateur de la Fondation des femmes, il en a été l'administrateur bénévole pendant deux ans. Il lance sa société de production, Pardi, en 2015. Il est commissaire au Centre national du cinéma et de l'image animée depuis 2019. En 2020, ses pairs lui remettent le prix d'« Homme féministe de l'année ». En 2020, il cofonde parallèlement Remixt, une solution d'accompagnement innovante sur les sujets de diversité et d'inclusion, qui allie sensibilisation et sondage. Remixt est lauréate du French Tech Community Fund 2020.

Patrick SCHARNITZKY

Docteur en psychologie sociale, il a été maître de conférences des universités pendant quinze ans, et professeur affilié à ESCP Europe. Il est aujourd'hui directeur associé et expert inclusion et mécanismes psychosociaux au sein du cabinet AlterNego. Il accompagne les organisations sur tous les sujets diversités et inclusion. Il a mené de nombreuses études intra et inter-entreprises sur l'inclusion, et a publié plusieurs ouvrages dans cette veine, sur la discrimination, les stéréotypes, l'inclusion, les biais de la coopération et sur la place des identités dans l'entreprise.

Éric SINGLER

Il est directeur général du groupe BVA, CEO de la BVA Nudge Unit et président de l'association NudgeFrance. Il a créé sa première société en 1989 dans le domaine des études marketing avant de se passionner pour l'application des sciences comportementales dont il est devenu l'un des pionniers. Il conseille les décideurs et les organisations dans l'univers des politiques publiques et des grandes entreprises. Il intervient fréquemment sur les sujets de la diversité et de l'inclusion et est l'auteur de trois livres spécialisés dans l'application des sciences comportementales : *Nudge Marketing* (Pearson, 2015), *Green Nudge* (Pearson, 2015) et *Nudge Management* (Pearson, 2018).

Pete STONE

Biculturel franco-britannique, il a passé quinze ans dans la formation, notamment comme professeur associé à Neoma Business School, où il dispensait des cours d'éthique et de management interculturel, et gérait les programmes pour les étudiant.e.s internationaux. ales. Il a continué sa carrière dans le conseil RH comme directeur marketing et opérations d'Hudson. Il a mis en place la politique diversité d'Hudson, et a ainsi participé à la création de l'association À compétences égales. Ensuite, il a créé *Just Different*, société de conseil et de formation en diversité, inclusion et mixité.

Pascal TISSERANT

Il est maître de conférences en psychologie sociale à l'université de Lorraine, où il exerce également la fonction de vice-président délégué à l'égalité et à la diversité. Il est également trésorier de la Conférence permanente des chargé.e.s de mission égalité-diversité des établissements publics de l'enseignement supérieur et de la recherche. Ses travaux portent sur la mesure des stéréotypes, les idéologies de la diversité dans les organisations et la prise en compte des discriminations dans l'enseignement supérieur.

Éric WARIN

Depuis 2010, il dirige à Nantes le CCO, lieu d'échanges entre réseaux professionnels et espace de valorisation des acteurs de l'économie. Spécialiste de la communication, organisateur et animateur d'événements, cet homme de réseaux a effectué la majeure partie de sa carrière dans l'enseignement supérieur au sein d'Audencia SciencesCom, en tant que spécialiste des médias. Co-initiateur en 2012 du collectif des Fameuses puis du Printemps des Fameuses, il est un acteur très engagé sur les questions d'égalité femmes-hommes.

Avivah WITTENBERG-COX

Elle est PDG de 20-First, cabinet de conseil en mixité et management. Depuis 2005, elle collabore avec les PDG et ComEx de certaines des sociétés les plus renommées au monde pour saisir les opportunités de la mixité pour le leadership, les relations clients et la gestion des talents au XXIe siècle. Auteure de *Seven Steps to Leading a Gender-Balanced Business* (HBR Press, 2014) et *Why Women Mean Business* (Wiley, 2008), conférencière de renom, conférencière TEDx, rédactrice pour *Forbes* et *Harvard Business Review*, elle est la fondatrice et présidente d'honneur de PWNGlobal.net.

POURQUOI NOUS AVONS CHOISI CES DIRIGEANT.E.S

P our chacun et chacune des dirigeant.e.s qui ont accepté de témoigner dans ce livre, voici une courte biographie et leur engagement en faveur de la mixité femmes-hommes.

Jean-Laurent BONNAFÉ

Administrateur et directeur général de BNP Paribas

C'est l'un des rares patrons du CAC 40 à s'être engagé comme Thematic Champion HeForShe en 2018, avec une double audace, sur la méthode (approche *nudge*) comme sur le domaine : atteindre un équilibre femmes-hommes à 40 % sur certains postes clés dans deux métiers historiquement à dominante féminine (RH) et masculine (Global Market).

Homme de temps long, il sait que pour transformer une entreprise profondément, il faut y travailler sans relâche, un peu tous les jours. Arrivé en 2011 à la tête de BNP Paribas, il a déjà atteint le seuil de 33 % tant au comité exécutif Groupe (qui partait de 0) que parmi le G100 (8 % à l'époque). Et a fixé pour le comité exécutif Groupe un objectif de 40 % à horizon 2025.

Modeste, il reconnaît que le secteur bancaire attire par nature à 50/50 ; déterminé, il assure qu'il voit la relève se former et que le

Groupe pourra être parmi les premières entreprises de cette ampleur à atteindre la parité dans dix ans.

Ingénieur, il prend pourtant ses distances des « indicateurs » qui ne prennent pas en compte la qualité et la personnalité des profils, et ce pour éviter les « déformations du système » et surtout rendre le progrès soutenable.

Propagateur, il a fait signer la charte #JamaisSansElles au G100 du groupe BNP Paribas dans quatorze pays.

Delphine ERNOTTE CUNCI

Présidente de France Télévisions

En 2015, elle entre dans la lumière des médias, prenant la présidence de France Télévisions après vingt-six ans d'une carrière aussi brillante que discrète chez Orange, où elle était entrée au ComEx groupe cinq ans plus tôt. Elle avait eu le temps d'y forger des convictions solides en matière d'égalité femmes-hommes en créant le réseau interne Innov'Elles, et seuls ceux qui ne la connaissaient pas ont été surpris de la voir dégainer publiquement sur les ondes sa volonté de rendre paritaires et divers les plateaux d'une entreprise « branchée sur l'opinion car touchant quatre Français sur cinq chaque semaine ».

Ingénieure, elle préfère les résultats aux plaidoyers : quotas à l'antenne (50 % d'expertes et d'intervenantes à l'antenne désormais), index Pénicaud publié en détail, décisions disciplinaires claires en cas de sorties de route, lutte personnelle permanente face au sexisme ordinaire (même s'il lui en coûte). Son courage est plus que managérial, elle se l'applique aussi à elle-même, refusant toute apparition publique s'il n'y a pas au moins 30 % de femmes sur scène. Reconduite en 2020 à la tête de France TV (elle a été non seulement la première femme à ce poste, mais aussi la première à voir son mandat être renouvelé), elle a annoncé étendre sa politique de quotas aux métiers de réalisation et création, convaincue que c'est à l'antenne que doit se refléter « non pas le monde tel qu'il est, mais tel qu'il devrait être ».

Céline LAZORTHES

Coprésidente du collectif Sista

Entrepreneure de la première heure et à maintes reprises cheffe d'entreprise, elle crée Leetchi en 2000, puis Mangopay et aujourd'hui Résilience, une solution d'aide à la décision dans le domaine médical. Active et reconnue, elle obtient en 2014 le prix Clémentine de la femme d'affaires de l'année, le prix Napoléons en 2016 de la personnalité féminine innovante de l'année et elle est faite chevalière de la Légion d'honneur en 2020.

À juste titre, donc incontournable sur les sujets de mixité femmes-hommes, elle est aussi engagée sur le sujet de la place des femmes dans la Tech, avec la création avec Tatiana Jama du collectif Sista, dont la vocation est de réduire les inégalités de financement entre femmes et hommes entrepreneurs. Enfin, elle a joué un rôle prépondérant dans le dossier du congé paternité, initiatrice avec d'autres du « Parental Act » qui a mené le gouvernement à faire le constat de l'évidente nécessité de rallonger ce congé à vingt-huit jours à partir du 1er juillet 2021. Adepte de l'adage « Compter les femmes pour que les femmes comptent », elle porte un regard critique mais juste sur le sujet de l'égalité entre femmes et des hommes, sans discrimination ni favoritisme. Son vécu professionnel et personnel l'a rendue lucide sur le sujet et surtout actrice énergique de la cause. Quand engagements professionnels et citoyens se conjuguent...

Denis MACHUEL

Ex-directeur général du groupe Sodexo

Ingénieur de formation, et après un début de parcours chez Schneider Electric et une longue carrière de consultant chez Altran, dont il devient le PDG pour la branche Technologies, il rejoint le groupe Sodexo en 2007, dont il devient le directeur général en 2018. Il prend ainsi la succession de Michel Landel, président totémique du groupe, et fer de lance de l'engagement des entreprises sur les sujets de diversité dès le début des années 2000.

Son engagement filial sur le sujet de la mixité ne laisse rien au hasard mais, de son propre aveu, son inclination pour les sujets de diversité et de mixité a été le produit d'un cheminement car, comme la plupart des hommes, il ne percevait pas il y a quelques années la dimension systémique du problème de l'égalité entre les femmes et les hommes. De déclics en remises en cause, il a parfaitement assimilé les enjeux qu'il ne veut pas noyer dans une inclusion qui pourrait diluer les actions du groupe. Partisan d'une posture « inclusion et équité », il poursuit avec beaucoup d'humilité le chemin entamé par le groupe en continuant la mutation du « pourquoi » au « comment la mixité ? ». Il a surtout compris, en partie grâce à ses convictions personnelles, que le changement passe autant par l'humain que par le système, notamment autour des enjeux d'équilibre des temps de vie pour toutes et tous.

Bernard MICHEL

Président de Viparis

C'est en 2016 que son nom est apparu dans la presse comme président de la société d'investissement immobilier cotée Gecina, qui domine depuis sans discontinuer le palmarès annuel de la féminisation des instances dirigeantes des sociétés du SBF 120 : en prenant la tête du conseil de la foncière en 2010, il arrivait avec ses convictions sans savoir s'il disposerait de la latitude suffisante pour faire avancer les sujets RSE qui étaient encore peu familiers dans les gouvernances d'entreprise.

Déterminé, il s'attaque de front à la question de la parité comme enjeu premier : la réduction « une fois pour toutes » des écarts salariaux femmes-hommes ; il parvient à convaincre son conseil d'administration de réduire en trois ans les écarts de rémunération non justifiés à 3 % maximum. Dès 2015, il a rééquilibré le conseil d'administration à 50 %. Et l'année qui a suivi, il a lancé un réseau/programme interne finement baptisé « *Open your I* ».

Homme qui a su installer plusieurs femmes à la direction générale au long de sa carrière, il entend ses pairs affirmer leurs convictions ESG sans que la question de la parité n'évolue rapidement : il confesse en être arrivé à la conclusion que sans quotas, l'égalité femmes-hommes des instances dirigeantes serait bien trop lointaine. Incessant chercheur d'innovations et à l'écoute des aspirations de la société, aujourd'hui président de Viparis et de l'association Real Estech, il se consacre à des activités de conseil, se préoccupant désormais autant de la transformation du capitalisme financier que de l'impact des budgets publics ou du financement de l'entrepreneuriat des femmes sur la parité.

Stéphane PALLEZ

Présidente de la Française des jeux

Ancienne élève de l'ENA, elle a fait une partie de sa carrière à la direction du Trésor au ministère de l'Économie et des Finances, avant de rejoindre le monde de l'entreprise à Orange puis à la Caisse centrale de réassurance (CCR). Elle a pris, en 2014, la présidence du groupe FDJ, quatrième opérateur mondial de loterie, en passant avec brio le cap de l'entrée en Bourse de la Française des jeux en 2019.

Plusieurs vies aussi car passionnée par les lettres et les arts, elle est depuis 2020 présidente du conseil d'administration du Conservatoire national de musique et de danse de Paris.

En matière d'égalité femmes-hommes, sa posture et son discours sont orientés mixité, au service des femmes et des hommes, car elle a compris depuis longtemps qu'il ne s'agit plus d'un combat de femmes, mais d'un enjeu de bien vivre ensemble. D'autre part, elle a mis en place un dispositif permettant d'engager tout le Groupe dans une dynamique globale, incarnée par son leadership et une conscience aiguë de sa responsabilité de leader. Elle a donc donné une impulsion dans ce sens, en embarquant tous les dirigeants et en refusant l'idée que la mixité se fera « naturellement », avec le renouvellement des générations. Enfin, elle a compris les enjeux de passerelles entre l'entreprise et la société qui créent un va-et-vient permanent et enrichissant pour tout le monde. Pragmatique, humble et volontariste, elle incarne la mixité de l'entreprise au service de la performance.

Carlo PURASSANTA

Ex-président de Microsoft France

En dix ans et trois rôles chez Microsoft, c'est la seconde fois qu'il passe le flambeau de patron de pays à une femme ; et cela ne doit rien au hasard. Son « épiphanie féministe », il la perçoit à 31 ans, chez IBM, alors qu'un séminaire de « futurs leaders » planchant sur la diversité lui fait sauter aux yeux une évidence qu'il ne voyait pourtant pas : il venait de remanier soigneusement sa nouvelle équipe, fier de leur belle complémentarité... Trois hommes, trente-naires, blancs, qui avaient déjà travaillé ensemble sous d'autres cieux... « des copies de lui-même » !

Désormais « militant assumé », cet ingénieur italien ne lâche rien : ni l'Italie, dont il prend la tête de Microsoft en 2013, où l'absence de femmes leaders fut un choc, ni la France, où il revient en 2017 et gagne 1 point de pourcentage de femmes managers chaque année, pour en faire aujourd'hui la première équipe de la Tech qui atteindra 40 % de femmes d'ici trois ans. Courageux hors les murs aussi, quand il sait présenter ses excuses à l'ouverture d'une grosse réunion clients, constatant que sa propre équipe ne compte aucune femme, face à une cliente. Ou bien lorsqu'il bouscule l'organisation d'une table ronde 100 % masculine au meeting annuel d'un grand client, pour propulser la directrice financière sur scène à un quart d'heure du lever de rideau. Signataire de la Charte #JamaisSansElles, c'est un discret mais tenace, qui exige et délivre des résultats.

Emmanuelle QUILÈS

Ex-présidente de Janssen France ; vice-présidente de Janssen Worldwide, Cardiologie, Métabolisme et Hypertension artérielle pulmonaire

Petite fille, elle se passionnait pour les sciences. Elle a suivi des études de biologie avant de décrocher un diplôme d'Ingénieure à l'École supérieure de biotechnologie de Strasbourg. Ce choix atypique montre qu'elle a toujours aimé l'innovation. Aujourd'hui, qu'elle ait choisi de passer toute sa carrière dans l'industrie de la santé ne surprend plus personne. Rhône-Poulenc, Wyeth et Pfizer lui ont permis de grimper les marches vers le sommet. En 2015, elle a pris la tête de Janssen France, leader mondial de la santé. Elle y est restée six ans présidente avant de prendre un nouvel envol, à la tête d'une entité Janssen mondiale créée pour elle.

Sportive accomplie, Emmanuelle Quilès fascine par son courage, quand elle en dérange d'autres par sa capacité à casser les codes. À l'écoute de son entreprise, elle analyse les changements du monde et engage ses équipes dans des réflexions autour de l'évolution du business, des nouveaux modes de travail ou pour rapprocher santé et IA. Elle a aussi su se faire connaître pour son action en faveur des femmes et de la mixité : « Je me rends compte que ma fierté, c'est de faire grandir des femmes. Je n'avais pas forcément conscience que j'avais ce pouvoir. Quand on fait notre *talent review* annuelle, ce que je regarde, c'est quelle est la femme qui va me remplacer. » Elle a longtemps été la seule à afficher un ComEx féminisé à 65 %, avant d'oser s'attaquer au monde de l'hôpital en mettant entre les mains des femmes médecins l'association Donner des Elles à la Santé. Un joli cadeau avant d'évoluer à l'international, qui dit bien toute la sororité dont elle est capable.

Dépôt légal : octobre 2021

Imprimé en Allemagne par BoD